AF365259

LES BILLETS DE NÉCESSITÉ DU DÉPARTEMENT DES ARDENNES (1914-1918)

Catalogue de référence et de cotation

Le code de la propriété intellectuelle n'autorisant, aux termes de l'article L122-5, deuxième et troisième (a) d'une part, que les « copies ou reproductions strictement réservées à l'usage privé du copiste et non destinés à une utilisation collective » et, d'autre part, que les analyses et les courtes citations dans un but d'exemple et d'illustration, « toute représentation ou reproduction intégrale, ou partielle, faite, sans le consentement de l'auteur ou ses ayants-droit, ou ayants-cause, est illicite » (art. L122-4).

Cette représentation ou reproduction, par quelque procédé que ce soit, constituerait donc une contrefaçon sanctionnée par les articles L335-2 et suivants du code la propriété intellectuelle. Tous droits d'adaptation, de reproduction et de traduction réservés pour tous pays.

Copyright © BOUGLOUAN Denis 2019

Publication 2019

Edition : BOUGLOUAN Denis – Champagne-Ardenne

Achevé d'imprimer en février 2019

Dépôt légal : février 2019

ISBN n° 978-2-9565530-1-4

Mise en page et distribution du livre : www.ebook-creation.fr L'auto-édition facile !

Les émissions de Monnaies d'urgence

Dès le 7 août 1914, pour pallier au manque de numéraire, la Chambre de Commerce de Paris demande à émettre des billets de faibles valeurs (2 frs, 1 Fr et 50 Cmes), En quelques semaines, le pays entier s'organise comme cela avait déjà été fait sous la Révolution avec les Billets de confiance et en 1870 avec des billets de nécessité

Des milliers d'émissions locales fleurissent bientôt en métropole, mais aussi dans nos colonies, le 16 août, c'est déjà le Ministère des Finances qui accepte ces Bons de Monnaie, puis l'état lui-même qui les autorise et les réglemente. Le principe est simple et rapide, un versement d'argent (Argent légal émis par l'état) est officiellement mis en dépôt, les bons émis ne peuvent excéder cette valeur déposée Chambres de Commerce, Communes, Villes, Usines, Associations de Commerçants et même certains particuliers comme les bars, les petits commerces, se mirent à émettre de la monnaie.

Ainsi, dans les poches de nos grands-parents se trouvaient, pêle-mêle, des bons de carton, de papier, des petits jetons en aluminium, zinc, laiton, timbre-poste sous capsule transparente... Les émissions se succèdent au rythme de l'usure rapide de cette monnaie d'urgence et des besoins de la vie courante.

Les Bons de Nécessité dans les Territoires Occupés

Les régions occupées vont vivre une guerre bien différente de celle subie par ceux résidant en France libre.

Rappel historique :

À la suite de l'assassinat de François-Ferdinand à Sarajevo (28 juin), les événements se précipitent : mobilisation générale en Russie le 30 juillet 1914 et en Allemagne le 1° août. Von Moltke applique le plan Schlieffen dont l'objectif est de battre l'armée française très rapidement pour ensuite renforcer le front de l'est en Russie : 2 armées sur 5 ont pour objectif les Ardennes (la IIIe vers Rocroi et Signy-l'Abbaye et la IVe vers Sedan).

– L'invasion des Ardennes est fulgurante, en quelques jours, les Allemands progressent suivant deux axes : le premier par Hargnies, Haybes, Fumay, Revin, Les Mazures, Lonny, Clavy en direction de Thin-le-Moutier.

Le deuxième axe par Gué-d'Hossus, Rocroi, Maubert-Fontaine, Tremblois en direction de Signy-l'Abbaye.

Pour retarder l'avance de l'ennemi, entre le 24 et le 26 août, les ponts sur la Meuse sont systématiquement détruits, mais le 27 août, les Prussiens passent par le Theux.

Le 291° RI se replie sur Boulzicourt, Sapogne et Feuchères et le 9° corps d'armée du Général Dubois combat à l'Échelle et Rimogne.

28 août la Division Marocaine (général Humbert) assurant l'arrière-garde de la 4° armée se bat à La Fosse-à-l 'Eau. Le département des Ardennes se trouve être le premier et le seul département entièrement occupé. L'entrée des troupes allemandes en Belgique, puis France est marquée par une série d'atrocités qui comme en 1870 frappent fortement les

opinions publiques. C'est cette 3e armée Allemande, sous le commandement du Général Max Von Hausen, qui a envahi, occupe et commande, (Général Max Von Hausen sera relevé dès le 9 septembre 1914 et remplacé par le Général Karl von Einen).

L'anarchie Monétaire

Ici, la situation monétaire est la même que dans le reste du pays mais avec une énorme différence...Chez nous les forces Allemandes sont présentes et ont des exigences.
Très rapidement l'état français prend la décision de prendre à sa charge la totalité des dépenses locales occasionnées par l'occupant.
Bel élan de solidarité envers cette France envahie, mais ici, l'état Français n'est plus chez lui et n'a plus son mot à dire. Les Allemands procèdent à une "Germanisation" rapide des zones occupées, la Kommandantur a comme principal interlocuteur les Municipalités, seuls échelons administratifs encore existants. Les bâtiments publics, Rue et Places sont rebaptisés en langue Allemande, l'heure est celle de Berlin (+ 2 heures).
Les territoires sont coupés du reste de la France et privés de toute information. Les pigeons voyageurs sont tués, le laisser-passer est obligatoire pour des déplacements entre communes. Toute personne valide doit travailler dur pour l'occupant, les bouches inutiles sont invitées à regagner la France libre.
L'armée Allemande rafle l'argent sous toutes ses formes, les statues et les cloches des églises sont fondues, les usines sont démontées, récupérant matières première, métaux, machines-outils et tout ce qui est utile ou réutilisable, ce qui ne peut être transporté est systématiquement détruit.
Plus la guerre s'avance et plus les besoins en matière première se font sentir, la cause principale est le blocus naval des alliés.
Bientôt, les habitant eux-mêmes doivent contribuer à l'effort de guerre et des réquisitions sont organisées dans les foyers pour récupérer, linge, cuir, meubles, matelas (On récupère la laine pour confectionner des uniformes), bouchons de liège, vin, outils, métaux, bois, ustensiles de cuisine, caoutchouc ..., le zinc des gouttières est récupéré ainsi que le fil de fer entourant les pâtures. Les forêts sont dévastées.
Quand l'armé juge qu'elle doit payer, c'est avec des bons de réquisition qu'elle règle la facture. Rapidement, toute monnaie a disparu, pourtant il faut payer, il faut payer les soldats de l'armée occupante, les nourrir, les loger et remplir les moindres exigences de la Kommandantur. Ne pouvant payer, les communes durent émettre des billets, mais à la différence des zones non occupées, c'est qu'ici, la garantie déposée était des terres, des immeubles, le crédit des notables et des personnalités qui, sous la menace et les verrous, furent obligés d'abandonner leurs biens qui partaient aussitôt vers l'Allemagne.
Ces billets étaient créés dans l'urgence, faute de temps et de moyens, ceux-ci étaient souvent pour les petites communes un simple carton ou papier manuscrit daté ou non, avec une valeur, le cachet de la Mairie et une ou plusieurs signatures des conseillers municipaux et du Maire.

Dans notre département, c'est la SA de l'Ardoisière du Moulin St Anne à Fumay qui, dès le 8 août, fit imprimer des Bons de Caisse d'une valeur de 10 Frs, (avant l'occupation Allemande).

C'est en Septembre et Octobre 1914 que les communes commencent à émettre des billets sous le diktat Allemand.

SEDAN (Chambre de Commerce et Ville) le 2 Septembre 1914
FLOING (Commune) Bons Nominatif dès le 7 Septembre 1914
CHARLEVILLE et MÉZIÈRES (Villes) le 7 et 8 Septembre 1914
BAZEILLES (Ville) le 19 Octobre 1914
BALAN (Commune) le 21 Octobre 1914
DAIGNY (Commune) le 23 Novembre 1914

Les Émissions par groupement de Communes

Bons de l'inspection d'étape de la 3ème Armés Allemande.

Sans doute pour éviter l'anarchie dans ces émissions de bons de commune et la fausse monnaie qui pouvait en résulter, une tentative fut faite par l'armée occupante afin d'uniformiser cette monnaie.

En 1915, un Officier stationné à Rethel remit aux imprimeries Anciaux à Charleville un ordre d'exécution pour imprimer une série de bons de 8 valeurs (1, 2, 3, 5, 10, 25, 50 et 100 frs) sur papier-carte (couleur différente pour chaque valeur), payable, par le gouvernement Français

Texte Allemand sur le recto, même texte en Français sur le verso, valeur faciale du total de l'émission 405 000 frs.

Après bien des déboires pour se faire régler, l'imprimeur obtint un bon de réquisition comme payement. De cette émission, seuls quelques spécimens extrêmement rares subsistent, les billets n'ont probablement jamais été mis en circulation (sauf le 2 frs).

Devant les exigences toujours plus grandes des Allemands, l'augmentation démesurée des impôts et les multiples amendes, il fallait émettre de telles quantités de billets que les gages ne suffisaient plus. Ce furent alors des régions entières qui émirent des bons de monnaie sous forme de groupement de communes, cela permettant de faire contribuer chaque commune si petite soit-elle, mais en réalité bien que très sérieusement administrées, ces émissions de papier n'était plus garantie que par du papier.

Entre temps, l'armée Allemande s'organise et par l'ordonnance du 1 Juin 1916 réglemente ces émissions.

Ces Bons devront être imprimés uniquement sur papier filigrané, si l'imprimeur n'arrive pas à s'approvisionner, le papier viendra de Berlin. Les couleurs du papier sera invariable pour toutes les coupures reconnues (Très exceptionnellement 500 et 1000 francs)

25 Cmes – Papier Brun – Impression Noire
50 Cmes – Papier Bleu – Impression Noire
1 franc – Papier Vert – Impression Noire
2 francs – Papier Rose – Impression Noir
5 francs – Papier Blanc – Impression Rouge
10 francs – Papier Blanc – Impression Verte
20 francs – Papier Blanc – Impression Bleue
50 francs – Papier Blanc – Impression Grise
100 francs – Papier Blanc – Impression Mauve

Dans ce département, c'est Braux (Arrondissement de Mézières) qui créa la première une association de communes « Association des Communes des Vallées de la Meuse & de la Semoy suivant la convention du 18 Novembre 1914. (27 Communes et 2.505.180 fr ». Il s'en suivra des émissions pratiquement similaires car respectant scrupuleusement les directives de l'ordonnance du 1er Juin 1916 dictées par le commandement de la 3ème armée Allemande, toutes ces émissions sont issues de l'imprimerie A-Anciaux à Charleville.
RIMOGNE (Syndicat d'Émission de Bons Communaux de la Région de Rimogne Garantie par 25 communes (Emission décidée par le syndicat le 20/2/1916).
SEDAN (Syndicat Ardennais de Ravitaillement pour la Région de Sedan) (Décision de l'Assemblée Générale du 26/2/1916).
CHARLEVILLE et MÉZIÈRES (Syndicat d'émission de Bons de Caisse) constitué le 11 Mars 1916 et garantie par 39 communes. Les émissions suivantes regrouperont 51 communes.
POIX-TERRON (Syndicat d'Émission de Bons – Région de Poix -Terron Garantie par 116 Communes (Décision de l'Assemblée Générale du 10/7/1916).
RETHEL (Syndicat d'Émission de Bons – Rethel Garantie par 102 communes (Décision de l'Assemblée Générale du 12/7/1916)

Toutes les émissions pour ces groupements de communes, sous forme de syndicats sortant de la même imprimerie (Anciaux à Charleville) seront sur le même modèle avec le même papier au filigrane ondulé et chaque valeur du bon aura les mêmes dimensions.

25 Centimes	82 x 52 mm -- Pour SEDAN 60 x 42 mm.
50 Centimes	82 x 52 mm.
1 franc	92 x 62 mm.
2 francs	102 x 72 mm.
5 francs	122 x 82 mm.
10 francs	122 x 82 mm.
20 francs	122 x 82 mm.
50 francs	122 x 102 mm.
100 francs	122 x 102 mm.

Une émission beaucoup plus large se forme par décision du 19/9/1915, regroupant 221 communes des départements de l'Aisne et des Ardennes, le siège étant à Laon.
Ce Bon Régional regroupe lors de sa 2ème émission du 16/6/1916 des communes de la Marne, étant garantie alors par 254 communes.
Pour le 3ème, puis, 4ème émissions (14 juin 1917 et 12 décembre 1917), ce groupement de communes voit son siège se déplacer à Hirson.
Toutes ces émissions (Bons de Région) se termineront fin 1917, bientôt en parallèle apparaissent d'autres bons de monnaie plus utiles car depuis longtemps, il n'y a plus rien à acheter
Cette année 1917, les communes émettent le plus souvent sur des petits bouts de carton et selon le principe des billets de nécessité, des bons de marchandises.
En effet, le manque de tout se fait cruellement sentir et cela depuis fin 1914, les conditions de vie sont extrêmes. Les cruautés Allemandes, lors de l'invasion de la Belgique, avaient fortement ému le monde entier, pour cette raison, des associations humanitaires se sont mises en place dès 1915 et donnent généreusement pour les populations occupées (Les Américains, les Britanniques et leurs colonies, les Pays Bas sont les principaux donateurs).
En 1917, la nourriture se fait rare dans les gamelles des combattants, la population est aux abois. Les autorités allemandes se sont engagées à ne pas réquisitionner les aides

alimentaires destinées à la population civile et parfois aident aux transports car pour l'envahisseur, ce sont des milliers de tonnes de nourriture qui rentrent sur leurs territoires. La répartition, entre les habitants sur une base de rationnement, est rigoureusement égalitaire, ceux qui peuvent payer achètent les marchandises, les nécessiteux sont nourris gratuitement.

Remboursement des billets

Ces bons étaient toujours remboursables après la fin de la guerre, ce qui permettait un remboursement lointain, sans date fixe, pour l'immédiat ceux-ci s'échangent allègrement contre d'autres bons aux rythmes des émissions.

Le problème devient complexe pour les rapatriés ou les personnes libérées des territoires occupés. En effet, ceux - ci n'avaient que ces bouts de papier en poche pour subvenir à leurs besoins. Très rigoureusement, les services administratifs Français, devaient identifier les rapatriés ainsi que les monnaies en leur possession. Un certificat d'échange devait être délivré pour rendre l'échange possible. Les sommes remboursables devaient être peu conséquentes, 50 frs par quinzaine pour les personnes de plus de 16 ans, 15 frs par enfant, cela permettait à la personne de subvenir à ses besoins en évitant les fraudes et des remboursements massifs.

Bien après la fin de la guerre, ces petits bouts de papier furent encore imprimés pour subvenir aux besoins du commerce (plus aucune émission dans les Ardennes après 1918). Après des années de remboursement, le 22 janvier 1925, l'état vote le retrait des bons de monnaie encore en circulation, il faudra attendre encore plus de deux ans pour les voir disparaître.

La monnaie officielle de la République Française ne verra le jour qu'en 1931 (type Morlon), plus d'or ni d'argent, mais de simples monnaies en alliage de Bronze et d'aluminium. Jusque - là, la monnaie était émise par la Chambre de Commerce qui a pallié grandement la faiblesse de l'état par des émissions locales (billets et monnaies) et nationale (monnaies). L'Europe est en Paix, mais ruinée, l'Union Latine est entérinée, plus aucun pays n'est capable de garantir sa monnaie sur de l'or, sauf les Etats Unis, c'est l'avènement du dollar US.

Les Clés du Catalogue

Les billets ci-dessous sont référencés avec une suite de chiffres et de lettres certes un peu longue, mais le classement des billets de nécessité du département des Ardennes n'est qu'une étape car j'envisage de classer aussi les autres départements ayant subi l'occupation. Une estimation de 50 000 Billets est envisageable et cette suite de chiffres et de lettres logique est indispensable pour retrouver et classer chacun de ceux-ci.

Exemple : 08/3b3 - 08 pour le département - 3 pour la troisième ville des ARDENNES ayant émis des billets classés alphabétiquement soit BOULZICOURT- "b" pour la deuxième émission de cette commune - "3" pour la valeur de la coupure soit ici un billet de 20 Cmes. Si ce billet avait des variantes (Signatures - cachets etc…) un a – b – c minuscule pourrait apparaître

Plusieurs lettres majuscules peuvent se retrouver en fin de code :
S = SPÉCIMEN du billet : le mot doit être indiqué sur la coupure. Parfois plusieurs sortes de spécimen existent (avec ou sans souche : avec ou sans cachet etc…) ils seront donc classés S1 – S2 - S3. Les spécimens ne sont pas destinés à circuler et n'ont donc pas de Numérotation de signature quand ceux-ci sont manuscrits, ni cachet de l'autorité émettrice
R = RÉSERVE : Généralement ces billets ne possèdent pas de signature manuscrite ni cachet ni numérotation. Ces billets n'ont jamais été mis en circulation et ne sont pas généralement séparés de la souche. Dans certains cas, ils étaient présentés comme Spécimens.
A = ANNULÉ : Référencé quand cela est signalé par l'autorité émettrice avec signature ou autres informations.
Un très grand nombre de ces billets ont été présentés au remboursement, parfois des cachets attestent la preuve de celui-ci, parfois c'est un coin coupé ou une information manuscrite sur la coupure. Ces billets ne sont pas mentionnés dans ce catalogue.
E = ÉPREUVE : les épreuves sont des billets en cours de création : la vignette n'est pas aboutie

- Généralement pour ces émissions, la numérotation était effectuée avec des cachets numéroteurs. Plus la numérotation est longue et plus les chiffres sont petits. Dans ce catalogue, nous ne tenons pas compte de ces différences.
- Les cachets des Mairies ou d'autres autorités émettrices peuvent se rencontrer de plusieurs couleurs d'encres différentes (Noire, violette, rouge …). Dans ce catalogue, nous ne tenons pas compte de ces différences
- Certains billets remboursés portent l'estampillage du bureau de change ayant effectué ces transactions. Dans ce catalogue, nous ne tenons pas compte de ces ajouts de cachets.

F= FAUX : Certaines émissions de billets furent copiées. Dans ce catalogue, nous indiquons les Faux connus et nous leur attribuons une référence.

Chercher à mettre une valeur sur chacun de ces billets n'est pas raisonnable car tous ces billets ou monnaies sont des raretés.

Nous avons surligné avec des couleurs, afin de donner une estimation d'après les billets passant en vente sur les sites marchands ou pour collectionneurs, et ainsi trouver une fourchette de prix possible

Comme souvent pour les billets de très grande rareté, l'état de conservation n'a que peu d'importance. Nous avons évalué ces prix pour un état de conservation moyen (TTB). Un "Bonus" ou "Malus" pourra être appliqué selon la qualité du billet proposé à la vente.

R1= Sans surlignage de couleur = 10€

R2 = Couleur Jaune = 25€

R3 = Couleur Verte   = 60€

R4 = Couleur Rouge = Billets pratiquement introuvable, à l'appréciation de l'acheteur

Les Communes Ardennaises ayant créé du papier Monnaie pendant la guerre 1914-18

Si toutes les communes du département n'ont pas émis de billets, toutes les communes ont été mises à contribution.

BALAN

Toutes les émissions ayant circulé, sont imprimées sur un papier blanc sans filigrane, seul le billet de 1f60 n'a pas de cadre orné. Recto : Deux signatures manuscrites avec plusieurs signataires. Cachet de la commune.

Verso : Numérotation

Le 21 Octobre 1914 - Les bons de 1f60 furent créée spécialement pour le payement des ouvriers réquisitionnés par l'armée Allemande afin de restaurer le Parc de Bazeilles. Les ouvriers avaient un salaire de 30 Cmes/heure et la valeur émise était de 74.000 francs.

08/1-a1 -   1f60 - Imprimé en noir.

Le 15 Décembre 1914

08/1-b1 -   50 Cmes - Imprimé en noir.

08/1-b2 -   1 franc - Imprimé en marron.

Le 1er Février 1915

08/1-c1 -   50 Cmes - Imprimé en noir.

08/1-c1R -   50 Cmes - Imprimé en noir. (Sans signature - cachet et numérotation).

08/1-c2 -   1 franc - Imprimé en marron.

08/1-c2R -   1 franc - Imprimé en marron. (Sans signature - cachet et numérotation).

08/1-c3R -   2 francs - Imprimé en marron. (Sans signature - cachet et numérotation).

08/1-c4   5 francs - (Signalé - Non retrouvé).

08/1-c4R -   5 francs - Imprimé en marron. (Sans signature - cachet - numérotation au verso).

Le 15 Mars 1915

08/1-d1 -   50 Cmes - Imprimé en noir.

08/1-d2 -   1 franc - Imprimé en marron.

08/1-d3 -   2 francs - Imprimé en marron.

Le 20 Avril 1915

08/1-e1 -   1 franc - Imprimé en marron.

08/1-e2 -   2 francs - Imprimé en marron.

08/1-e3R -   10 francs - Imprimé en rouge. (Sans signature - cachet - numérotation au verso).

Le 29 Juillets 1915

08/1-f1 -   25 Cmes - Imprimé en vert.

08/1-f2 -   50 Cmes - Imprimé en noir.

08/1-f3 -   1 franc - Imprimé en marron.

08/1-f4 -   2 francs - Imprimé en marron.

08/1-f5 -   5 francs - Imprimé en bleu.

08/1-f6 -   10 francs - Imprimé en rouge.

Le 10 Août 1915

08/1-g1 -   20 francs - Imprimé en violet.

Tickets carton sans date **- Emission communale**

08/1-h1 -   2 c1/2. Papier-Carton vert.

08/1-h2 -   2 c1/2. Papier-Carton rose.

Tickets carton sans date **- Ravitaillement Américain**

08/1-i1 -   5 Cmes - Ravitaillement Américain.

08/1-i2 -   10 Cmes - Ravitaillement Américain.

08/1-i3 -   25 Cmes - Ravitaillement Américain.

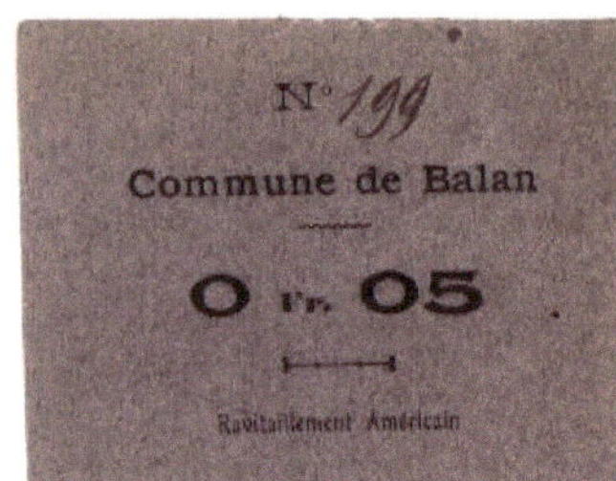
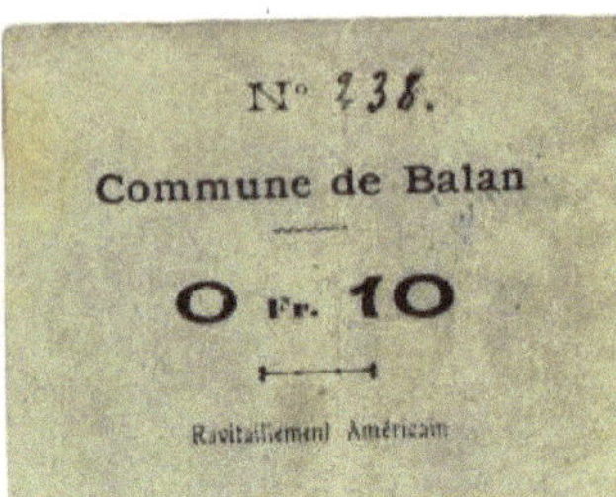

BAZEILLES

Toutes les émissions de billets de Bazeilles portent deux signatures imprimées, le cachet au centre de la mairie et un numéro manuscrit en haut du billet.

Ces billets uniface sont imprimés en noir sur des papiers qui évoluent suivant les émissions.

Papier épais blanc jusqu'aux émissions du 26 novembre 1914.

Papier blanc jusqu'aux émissions du 11 août 1915.

Papier blanc quadrillé pour les 25 Cmes ; 50 Cmes ; 1 franc et 2 francs du 11 août 1915.

Papier blanc ligné pour le 5 francs du 11 août 1915 et l'émission du 22 septembre 1915.

Des billets non référencés ci-dessous sont probablement à découvrir.

Bazeilles émis en Octobre 1914 pour 58.160 Frs de Billets

Le 19 Octobre 1914

08/2a1 -   1 franc - Papier épais blanc.

08/2a2 -   2 francs - Papier épais blanc.

08/2a3 -   5 francs - Papier épais blanc.

Le 30 Octobre 1914 (

08/2b1 -   2 francs - Papier épais blanc.

Le 26 Novembre 1914

08/2c1 -   50 Cmes - Papier Blanc.

08/2c2 -   1 franc – Papier Blanc.

08/2c3a -   2 francs - Papier épais blanc.

08/2c3b -   2 francs - Papier épais blanc - lettres du texte plus "épaisse".

Le 6 Janvier 1915

08/2d1 -   50 Cmes - Papier blanc.

08/2d2 -   1 franc - Papier blanc.

08/2d3 -   2 francs - Papier blanc.

08/2d6   10 francs – Papier blanc.

08/2e1 -   1 franc - Papier blanc.

08/2f1 -   25 Cmes - Papier blanc.

08/2f2 -   50 Cmes - Papier blanc.

08/2f3 -   1 franc - Papier blanc.

08/2f4 -   5 francs - Papier blanc.

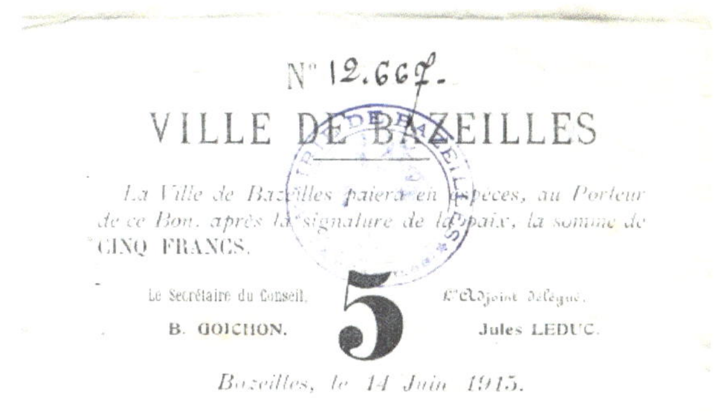

 (2ème Série)

08/2g1 -   25 Cmes - Papier blanc quadrillé.

08/2g2 -   50 Cmes - Papier blanc quadrillé.

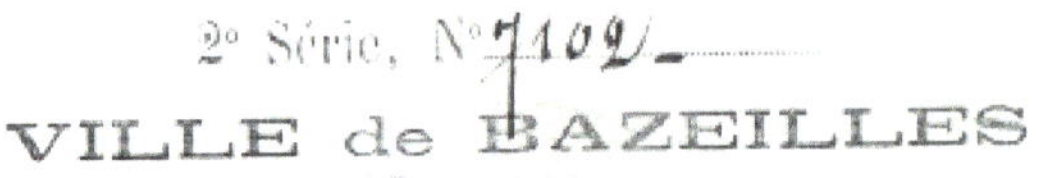

08/2g3 -   1 franc - Papier blanc quadrillé.

08/2g4 -   2 francs - Papier blanc quadrillé.

08/2g5 -   5 francs - Papier blanc ligné.

Le 22 Septembre 1915

08/2h1 -   5 Cmes - Papier blanc ligné.

08/2h1S -   5 Cmes - "Spécimen" écrit à la main à la place de la numérotation, absence de cachet - Papier blanc ligné.

08/2h2 -   10 Cmes - Papier blanc ligné.

08/2h2S -   10 Cmes - "Spécimen" écrit à la main à la place de la numérotation, absence de cachet - Papier blanc ligné.

Ticket Carton sans date – Ravitaillement Américain

08/2i1 -   5 Cmes - (Signalé - Non retrouvé).

08/2i2 -   10 Cmes - (Signalé - Non retrouvé).

BOULZICOURT

Ticket Carton uniface sans date- Manuscrit - "Boulzicourt" au composteur - lettres minuscules - cachet de la Mairie.

08/3-a1 -   5 Cmes - Boulzicourt doit ...

08/3-a2 -   10 Cmes - Boulzicourt doit ...

08/3-a3 -   20 Cmes - Boulzicourt doit ...

Ticket Carton uniface sans date- Manuscrit - "Boulzicourt" au composteur - lettres d'imprimerie - cachet de la Mairie.

08/3-b1 -   5 Cmes - Boulzicourt doit ...

08/3-b2 -   10 Cmes - Boulzicourt doit ...

08/3-b3 -   20 Cmes - Boulzicourt doit ...

BRAUX

Association des communes des vallées de la Meuse & de la semoy (Arrondissement de Mézières – Cachet de la Mairie de Braux)

Convention du 18/11/1914 - (100 000 francs)

Texte verso : Le montant de l'émission est garanti par les communes de **Braux, Nouzon, Neufmanil, Gespunsart, Monthermé, Deville, Laifour, Levrezy, Joigny, Tournavaux, Thilay, Hautes-Rivières** (Convention du 18 novembre 1914).
La **Caisse d'Epargne** de Charleville a consenti l'acceptation des bons pour une somme de 100,000 francs.

La loi punit les contrefacteurs

08/4-a1 -   50 Cmes - Imp. en rouge sur papier blanc - Série E.

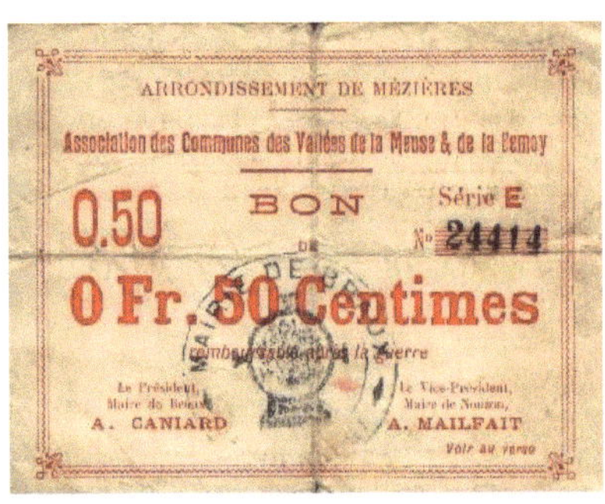 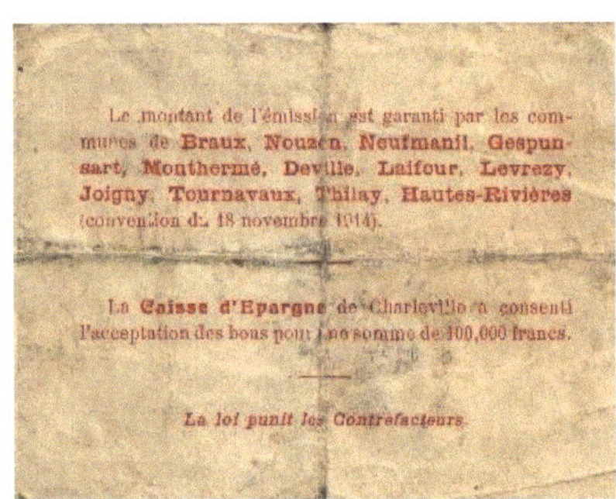

08/4-a2 -   1 franc - Imp. en violet sur papier blanc - Série D.
08/4-a3 -   2 francs - Imp. en bleu sur papier blanc - Série C.
08/4-a4 -   5 francs - Imp. en vert sur papier blanc - Série B.
08/4-a5 -   10 francs - Imp. en marron sur papier blanc - Série A.
08/4-a5E -   10 francs - Imp. en marron sur papier blanc - Épreuve à large marge - Série A au recto-verso.

Convention des 18/11/1914 et 19/1/1915 – 2ème Émission (170 000 francs)

Deux versos différents pour un même texte : Le montant de l'émission est garanti par les communes de **Braux, Nouzon, Neufmanil, Gespunsart, Monthermé, Deville, Laifour, Levrezy, Joigny-sur-Meuse, Thilay, Hautes-Rivières, Vivier-au-Court, Lumes, Ville-sur-

Lumes, Issancourt-Rumel, Cons-la-Grandville, Nouvion-sur-Meuse, Gernelle et **Renwez** (Convention du 18 novembre 1914 et 19 janvier 1915).

La **Caisse d'Epargne** de Charleville a consenti l'acceptation des bons pour une somme de 270,000 francs.

Première émission ....100,000 francs.

Deuxième émission ....170,000 francs.

La loi punit les contrefacteurs

08/4-b1a - 20 Cmes - Imp. en noir sur papier blanc - Série K (K écriture mince).

08/4-b1b - 20 Cmes - Imp. en noir sur papier blanc - Série K (K écriture épaisse).

08/4-b1S - 20 Cmes - Imp. en noir sur papier blanc - Série K avec "SPÉCIMEN sans valeur" en diagonal dans le coin haut-gauche.

08/4-b2 - 50 Cmes - Imp. en rouge sur papier blanc - Série J.

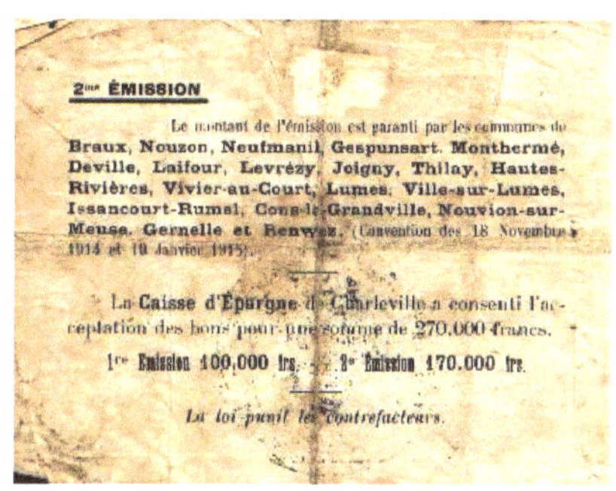

08/4-b2S - 50 Cmes - Imp. en rouge sur papier blanc - Série J avec "SPÉCIMEN sans valeur" en diagonal dans le coin haut-gauche.

08/4-b3 - 1 franc - Imp. en violet sur papier blanc - Série I.

08/4-b3S - 1 franc - Imp. en violet sur papier blanc - Série I avec "SPÉCIMEN sans valeur" en diagonale dans le coin haut-gauche.

08/4-b4 - 2 francs - Imp. en bleu sur papier blanc - Série H.

08/4-b4S - 2 francs - Imp. en bleu sur papier blanc - Série H avec "SPÉCIMEN sans valeur" en diagonal dans le coin haut-gauche.

08/4-b5 - 5 francs - Imp. en vert sur papier blanc - Série G.

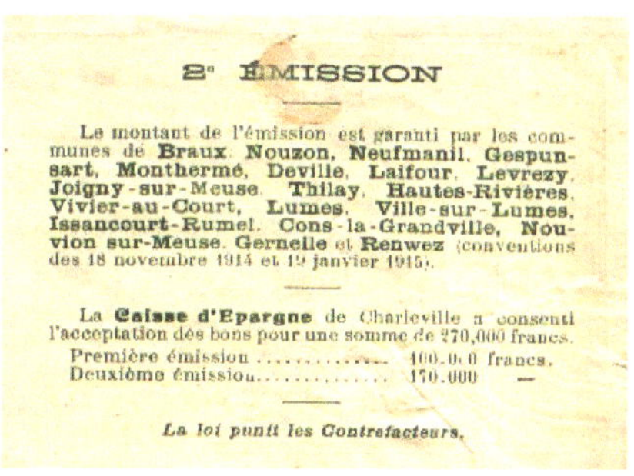

08/4-b5S - 5 francs - Imp. en vert sur papier blanc - Série G avec "SPÉCIMEN sans valeur" en diagonal dans le coin haut-gauche.

08/4-b6 - 10 francs - Imp. en marron sur papier blanc - Série F.

08/4-b6S - 10 francs - Imp. en marron sur papier blanc - Série F avec "SPÉCIMEN sans valeur" en diagonale dans le coin haut-gauche.

Convention des 18/11/1914, 19/1 et 25/3/1915 - 3ème Émission (300 000 francs)

Texte du verso : Le montant de l'émission est garanti par les communes de **Braux, Nouzon, Neufmanil, Gespunsart, Monthermé, Deville, Laifour, Levrezy, Joigny, Thilay, Vivier-au-Court, Lumes, Ville-sur-Lumes, Cons-la-Grand-ville, Nouvion-sur-Meuse, Renwez, Montcornet, Arreux, Harcy, Meillier-Fontaine, Château-Regnault, Haulmé, Tournavaux** (Convention du 18 novembre 1914,19 janvier et 25 Mars 1915).

La **Caisse d'Epargne** de Charleville a consenti l'acceptation des bons jusqu'à concurrence de la somme de 300,000 francs.

La loi punit les contrefacteurs

08/4-c1 -   20 Cmes - Imp. en noir sur papier blanc - Série K.

08/4-c1S -   20 Cmes - Imp. en noir sur papier blanc - Série K avec "SPÉCIMEN sans valeur" en diagonal et souligné.

08/4-c2 -   50 Cmes - Imp. en rouge sur papier blanc - Série P.

08/4-c2S -   50 Cmes - Imp. en rouge sur papier blanc - Série P avec "SPÉCIMEN sans valeur" en diagonale et souligné.

08/4-c3 -   1 franc - Imp. en violet sur papier blanc - Série O.

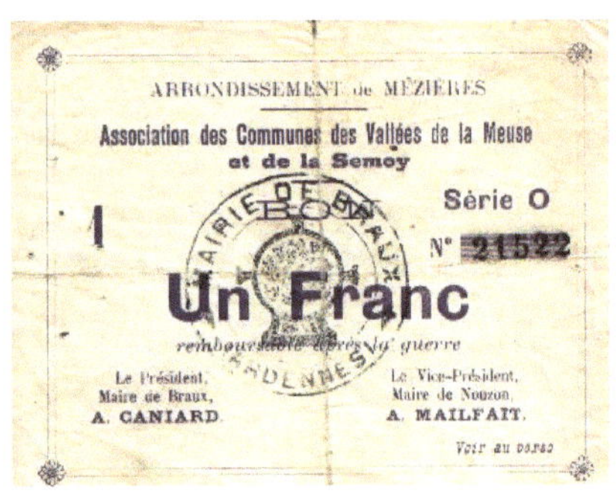

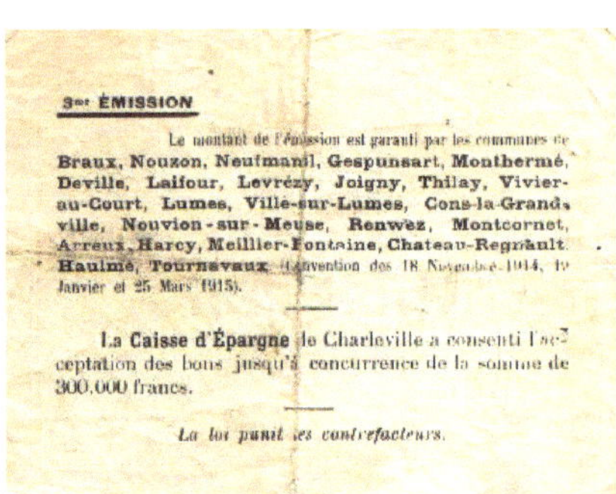

08/4-c3S -   1 franc - Imp. en violet sur papier blanc - Série O avec "SPÉCIMEN sans valeur" en diagonale et souligné.

08/4-c4 -   2 francs - Imp. en bleu sur papier blanc - Série N.

08/4-c4S -   2 francs - Imp. en bleu sur papier blanc - Série N avec "SPÉCIMEN sans valeur" en diagonale et souligné.

08/4-c5 -   5 francs - Imp. en vert sur papier blanc - Série M.

08/4-c5S -   5 francs - Imp. en vert sur papier blanc - Série M avec "SPÉCIMEN sans valeur" en diagonale et souligné.

08/4-c6 -   10 francs - Imp. en marron sur papier blanc - Série L.

08/4-c6S -   10 francs - Imp. en marron sur papier blanc - Série L avec "SPÉCIMEN sans valeur" en diagonale et souligné.

Convention des 18/11/1914, 19/1, 25/3 et 19/6/1915 – 3ème Émission (500 000 francs)

000 francs)

Texte du verso : Le montant de l'émission est garanti par les communes de **Braux, Nouzon, Neufmanil, Gespunsart, Monthermé, Deville, Laifour, Levrezy, Joigny, Tournavaux. Thilay, Hautes-Rivières, Vivier-au-Court, Lumes, Ville-sur-Lumes, Issancourt-Rumel, Cons-la-Grandville, Nouvion-sur-Meuse, Gernelle, Renwez, Montcornet, Arreux, Harcy,**

Complément d'émission, montant total : 2.505.100 francs

La **Caisse d'Epargne** de Charleville a consenti l'acceptation des bons jusqu'à concurrence de la somme de 500,000 francs.

La loi punit les contrefacteurs

08/4-d1 - 50 Cmes- Imp. en rouge sur papier blanc - Série V.

08/4-d2 - 1 franc- Imp. en violet sur papier blanc - Série U.

08/4-d3 - 2 francs - Imp. en bleu sur papier blanc - Série T.

08/4-d4 - 5 francs- Imp. en vert sur papier blanc - Série S.

08/4-d4S - 5 francs- Imp. en vert sur papier blanc - Série S avec "Spécimen sans valeur" en noir et en diagonal.

08/4-d5 - 10 francs- Imp. en marron sur papier blanc - Série R.

08/4-d5S - 10 francs- Imp. en marron sur papier blanc - Série R avec "Spécimen sans valeur "en noir et en diagonal.

Jean Pirot signale un carnet de "Spécimen sans valeur" en noir et en diagonal de la 3ème émission de 0.20 à 10 francs lettres Q – P – O – N – S - R.

Certificat uniface (205 x 150 mm) remis à l'échange des bons pour une valeur de 100 frs

BRIEULLES

Le 4/7/1915

08/5-a - 75 Cmes - (Signalé - Non retrouvé).

Novembre 1918

08/5-b1 - 1 franc - (Signalé - Non retrouvé).

08/5-b2 - 2 francs - (Signalé - Non retrouvé).

CHARLEVILLE et MÉZIÈRES

VILLE - Bon de Caisse

Conventions des 7 et 8/9/1914

Texte du verso : Le montant de l'émission est garanti partie par la **Caisse d'épargne** de Mézières-Charleville, parties par les banques **Claude-Lafontaine, Prévost** et **C°. Comptoir National d'Escompte de Paris**, Crédit Lyonnais et le complément par des Notabilités de Charleville et de Mézières, suivant conventions en date du 7 et 8 septembre 1914.

La loi punit les contrefacteurs

Pour la totalité de ces émissions, le billet porte deux signatures imprimées, le cachet de la Mairie de Charleville et le cachet de Mézières et une numérotation.

Les "Spécimen", deviennent "Munster" à mesure des émissions car la présentation des billets à venir devait sans doute être approuvés aux autorités Allemande, avant impression. Il est certain que bon nombre de ceux-ci sont encore à découvrir.

08/6-a1a - 1 franc - Imp. en marron sur papier blanc - Série A.

08/6-a1b - 1 franc - Imp. en marron sur papier blanc - Série B.

08/6-a1c - 1 franc - Imp. en marron sur papier blanc - Série C.

08/6-a1d - 1 franc - Imp. en marron sur papier blanc - Série D.

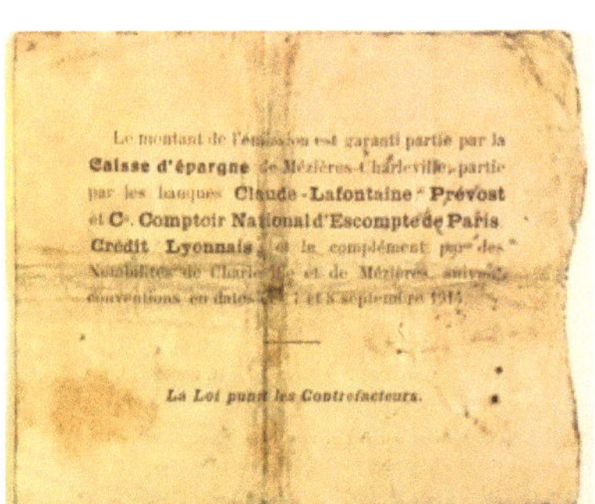

08/6-a2a - 2 francs - Imp. en vert sur papier blanc - Série F.

08/6-a2b - 2 francs - Imp. en vert sur papier blanc - Série G.

08/6-a3a - 5 francs - Imp. en bleu sur papier blanc - Série I.

08/6-a3b - 5 francs - Imp. en bleu sur papier blanc - Série J.

08/6-a4a - 10 francs - Imp. en bleu sur papier blanc - Série K.

Conventions des 7 et 8/9/, 3 et 4/12/1914 (Complément de l'émission de 300 000 frs)

08/6-b1 - 1 franc - Imp. en marron sur papier blanc - Série D.

08/6-b1S1 - 1 franc - Imp. en marron sur papier blanc - Série D avec « Spécimen sans valeur » en noir et en diagonale. Avec souche.

08/6-b1S2 - 1 franc - Imp. en marron sur papier blanc - Série E avec « Spécimen sans valeur » en noir et en diagonale. Avec souche.

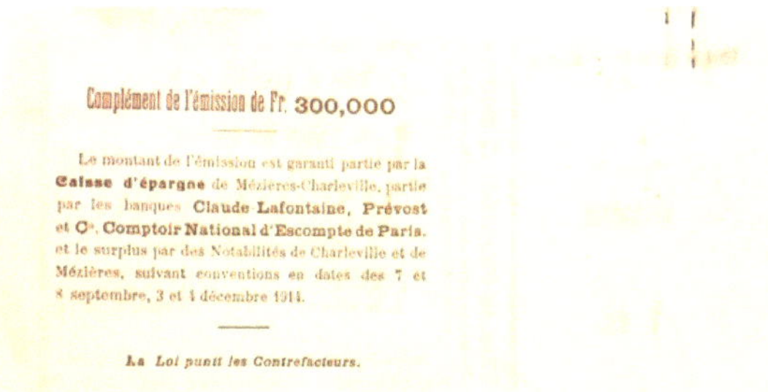

08/6-b2a - 2 francs – Imp. en vert sur papier blanc - Série G.

08/6-b2b - 2 francs - Imp. en vert sur papier blanc - Série H.

08/6-b2S1 - 2 franc - Imp. en vert sur papier blanc - Série H avec "Spécimen sans valeur" en noir et en diagonale. Avec souche.

08/6-b2S2 - 2 franc - Imp. en vert sur papier blanc - Série H avec "Spécimen sans valeur" en rouge. Avec souche.

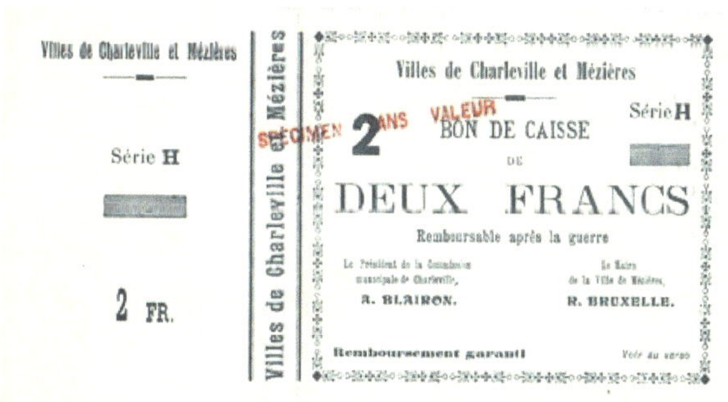

08/6-b3a - 5 francs - Imp. en bleu sur papier blanc - Série I.

08/6-b3aS - 5 francs - Imp. en bleu sur papier blanc - Série I avec "Spécimen sans valeur « en rouge et en diagonale. Avec souche.

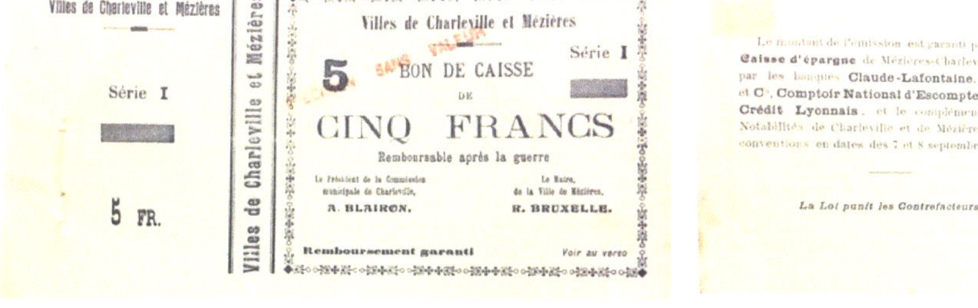

08/6-b3 - 5 francs - Imp. en bleu sur papier blanc - Série J.

08/6-b3S1 -   5 francs - Imp. en bleu sur papier blanc - Série J avec "Spécimen sans valeur" en noir et en diagonale. Avec souche.

08/6-b3S2 -   5 francs - Imp. en bleu sur papier blanc - Série J avec cachet violet "MUNSTER".

08/6-b4 -   10 francs – Imp. en violet sur papier blanc - Série K.

Conventions des 7 et 12/1/1915

Texte du verso : Le montant de l'émission est garanti par les **Villes de Charleville et de Mézières,** et la **Caisse d'Epargne** de ces deux villes, suivant conventions en dates des 7 et 12 janvier 1915.

La loi punit les contrefacteurs.

08/6-c1a -   50 Cmes - Imp. en rouge sur papier blanc - Série X.

08/6-c1b -   50 Cmes - Imp. en rouge sur papier blanc - Série Y.

08/6-c1c -   50 Cmes - Imp. en rouge sur papier blanc - Série Z.

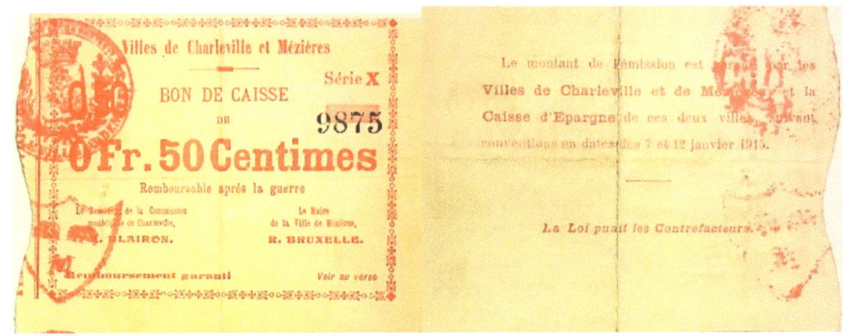

08/6-c2a -   1 franc - Imp. en marron sur papier blanc - Série L.

08/6-c2b -   1 franc - Imp. en marron sur papier blanc - Série M.

08/6-c2bS -   1 franc - Imp. en marron sur papier blanc - Série M avec cachet violet "MUNSTER".

08/6-c2c -   1 franc - Imp. en vert sur papier blanc - Série N.

08/6-c3a -   2 francs - Imp. en vert sur papier blanc - Série O.

08/6-c3b -   2 francs - Imp. en vert sur papier blanc - Série P.

08/6-c4a -   5 francs - Imp. en bleu sur papier blanc - Série R.

08/6-c4b -   5 francs - Imp. en bleu sur papier blanc - Série S.

08/6-c4c -   5 francs - Imp. en bleu sur papier blanc - Série T.

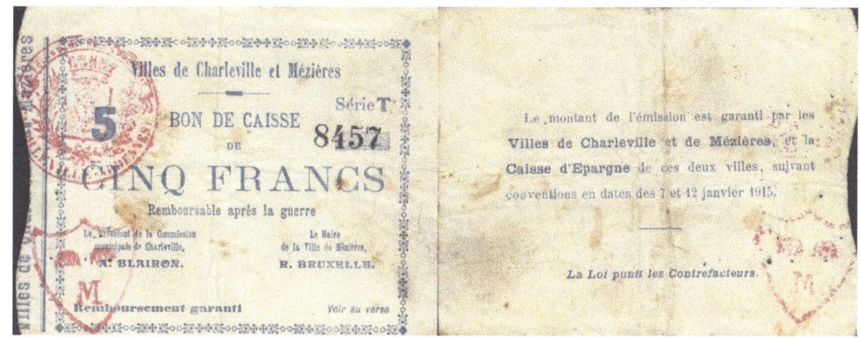

08/6-c5a -   10 francs - Imp. en violet sur papier blanc - Série U.

08/6-c5b -   10 francs - Imp. en violet sur papier blanc - Série V.

CHARLEVILLE et MÉZIÈRES

Syndicat d'émission de Bons de Caisse

Constitué le 11/3/1915 (Par les 39 communes inscrites au verso des bons)
Aiglemont, Ayvelles (les), Bosséval, Braux, Chalandry-Elaire, Charleville, Château-Regnault, Cliron, Cons-la-Grandville, Gernelles, Gespunsart, Haulmé, Hautes-Rivières, Issancourt-Rumel, Joigny-sur-Meuse, Lafrancheville, Levrezy, Lonny, Lumes, Meillier-Fontaine, Mézières, Mohon, Montcy-Notre-Dame, Montcy-Saint-Pierre, Monthermé, Neufmanil, Neuville-les-This, Nouzon, Prix-les-Mézières, Saint-Laurent, Saint-Marceau, Theux (le), Thilay, Thys, Tournavaux, Villers-Semeuse, Ville-sur-Lumes, Vivier-au-Court, Vrigne-aux-Bois, Soit 39 communes Adhérentes

Tous les bons de cette émission ayant circulé ont deux signatures imprimées, le cachet du Syndicat (noir, bleu, marron) et une numérotation. Les encres et les couleurs de papier sont suivant les directives Allemandes et données plus haut.

08/7-a1a -   50 Cmes - Série A.

08/7-a1b -   50 Cmes - Série B.

08/7-a1c -   50 Cmes - Série C.

08/7-a1d -   50 Cmes - Série D.

08/7-a2a -   1 franc - Série A.

08/7-a2b -   1 franc - Série B.

08/7-a2c -   1 franc - Série C.

08/7-a2d -   1 franc - Série D.

08/7-a2e -   1 franc - Série E.

08/7-a2f -   1 franc - Série F.

08/7-a3a -   2 francs - Série A.

08/7-a3b -   2 francs - Série B.

08/7-a3c -   2 francs - Série C.

08/7-a3d -   2 francs - Série D.

08/7-a4a -   5 francs - Série A.

08/7-a4b -   5 francs - Série B.

08/7-a4c -   5 francs - Série C.

08/7-a4d -   5 francs - Série D.

08/7-a4e -   5 francs - Série E.

08/7-a5a -   10 francs - Série A.

08/7-a5b -   10 francs - Série B.

08/7-a5c -   10 francs - Série C.

Constitué le 11/3/1916 (les 51 communes inscrites au verso des bons)

Aiglemont, Ayvelles (les), Belval, Bosséval, Braux, Chalandry-Elaire, Charleville, Château-Regnault, Cliron, Cons-la-Grandville, Damouzy, Etion, Evigny, Fagnon, Gernelles, Gespunsart, Ham-les-Moines, Haudrecy, Haulmé, Hautes-Rivières, Houldizy, Issancourt-Rumel, Joigny-sur-Meuse, Lafrancheville, Levrezy, Lonny, Lumes, Meillier-Fontaine, Mézières, Mohon, Montcy-Notre-Dame, Montcy-Saint-Pierre, Monthermé, Neufmanil, Neuville-les-This, Nouzon, Prix-les-Mézières, Saint-Laurent, Saint-Marceau, Sury, Theux (le), Thilay, Thys, Tournavaux, Tournes, Villers-Semeuse, Ville-sur-Lumes, Vivier-au-Court, Vrigne-aux-Bois, Warcq, Warnécourt, Soit 51 communes Adhérentes.

08/7-b1a -   25 Cmes - Série A.

08/7-b1aS -   25 Cmes - Série A avec "Spécimen sans valeur" en diagonale. Avec souche.

08/7-b1b -   25 Cmes - Série B.

08/7-b2a -   50 Cmes - Série E.

08/7-b2b -   50 Cmes - Série F.

08/7-b2c -   50 Cmes - Série G.

08/7-b2d -   50 Cmes - Série H.

08/7-b2e -   50 Cmes - Série I

08/7-b2eS -   50 Cmes - Série I - "Spécimen sans valeur" en diagonale.

08/7-b2f -   50 Cmes - Série J.

08/7-b3a -   1 franc - Série G.

08/7-b3b -   1 franc - Série H.

08/7-b3c -   1 franc - Série I.

08/7-b3d -   1 franc - Série J.

08/7-b3e -   1 franc - Série K.

08/7-b3f -   1 franc - Série L.

08/7-b3g -   1 franc - Série M.

08/7-b3h -   1 franc - Série N.

08/7-b3i -   1 franc - Série O.

08/7-b3j -   1 franc - Série P.

08/7-b3k -   1 franc - Série Q.

08/7-b3l -   1 franc - Série R.

08/7-b3m -   1 franc - Série S.

08/7-b3n -   1 franc - Série T.

08/7-b3o -   1 franc - Série U.

08/7-b3p -   1 franc - Série V.

08/7-b3q -   1 franc - Série W.

08/7-b3r -   1 franc - Série X.

08/7-b3rS -   1 franc - Série X avec "Spécimen sans valeur" et en diagonale. Avec souche.

08/7-b4a -   2 francs - Série E.

08/7-b4b -   2 francs - Série F.

08/7-b4c -   2 francs - Série G.

08/7-b4d -   2 francs - Série H.

08/7-b4e -   2 francs - Série I.

08/7-b4f -   2 francs - Série J.

08/7-b4fS -   2 francs - Série J avec "Spécimen sans valeur" et en diagonale. Avec souche.

08/7-b5a -   5 francs - Série F.

08/7-b5b -   5 francs - Série G.

08/7-b5c -   5 francs - Série H.

08/7-b5d -   5 francs - Série I.

08/7-b5e -   5 francs - Série J.

08/7-b5f -   5 francs - Série K

08/7-b5g -   5 francs - Série L.

08/7-b5gS -   5 francs - Série L avec "Spécimen sans valeur" et en diagonale. Avec souche.

08/7-b6a -   10 francs - Série D.

08/7-b6b -   10 francs - Série E.

08/7-b6bS -   10 francs - Série E avec "Spécimen sans valeur" et en diagonale. Avec souche.

08/7-b7a -   20 francs - Série A.

08/7-b7aS -   20 francs - Série A avec "Spécimen sans valeur" et en diagonale. Avec souche.

08/7-b8a -   50 francs - Série A.

08/7-b8b -   50 francs - Série A avec "Spécimen sans valeur" et en diagonale. Avec souche.

08/7-b8F -   50 francs - Série A - (Imp. en bleu et noir) ou Série P - (Imp. en rouge et noir) - Papier vergé blanc - Authenticité non confirmée.

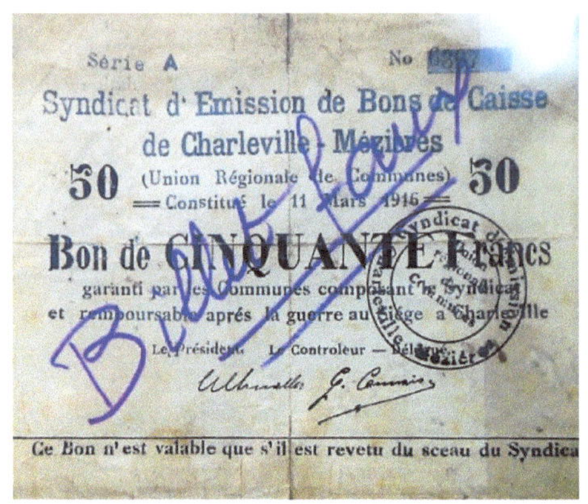

Constitué le 11/3/1916 **(les 51 communes inscrites au verso des bons)** - cadre orné et impression respectant les directives allemandes.

Aiglemont, Ayvelles (les), Belval, Bosséval, Braux, Chalandry-Elaire, Charleville, Château-Regnault, Cliron, Cons-la-Grandville, Damouzy, Etion, Evigny, Fagnon, Gernelles, Gespunsart, Ham-les-Moines, Haudrecy, Haulmé, Hautes-Rivières, Houldizy, Issancourt-Rumel, Joigny-sur-Meuse, Lafrancheville, Levrezy, Lonny, Lumes, Meillier-Fontaine, Mézières, Mohon, Montcy-Notre-Dame, Montcy-Saint-Pierre, Monthermé, Neufmanil, Neuville-les-This, Nouzon, Prix-les-Mézières, Saint-Laurent, Saint-Marceau, Sury,Theux (le), Thilay, Thys, Tournavaux, Tournes, Villers-Semeuse, Ville-sur-Lumes, Vivier-au-Court, Vrigne-aux-Bois, Warcq, Warnécourt, Soit 51 communes Adhérentes.

08/7-c1 - 5 francs - Série M.

08/7-c2 - 10 francs - Série F.

08/7-c3 - 20 francs - Série B.

 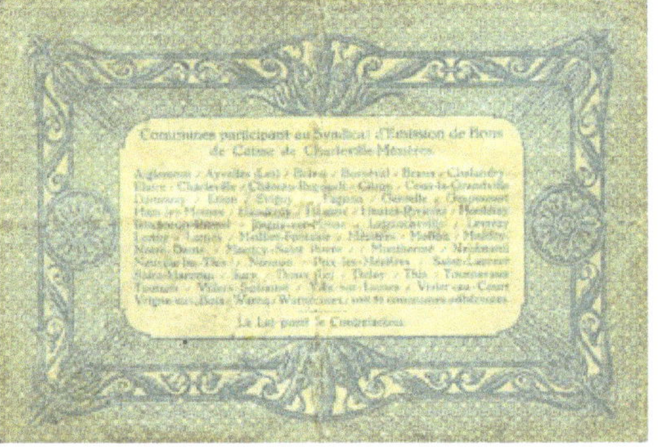

08/7-c4 - 50 francs - Série B.

08/7-c5 - 100 francs - Série A.

CHARLEVILLE, MÉZIÈRES et MOHON

VILLES - Convention du 3/7/1915

Texte du Verso : Le montant de l'émission est garanti par les **Villes de Charleville Mézières et Mohon** suivant convention en date du 3 juillet 1915

Billets imprimés de différentes couleurs sur papier blanc de format :112 x 85 mm
3 signatures imprimées - Timbre sec - numérotation de différentes hauteurs - Chiffres de valeur changeant en forme et en hauteur parfois pour une même série - impression des fonds plus ou moins foncées.

08/8-a1a -   1 franc - Série A - Imp. en bleu sur fond beige - Papier blanc.

 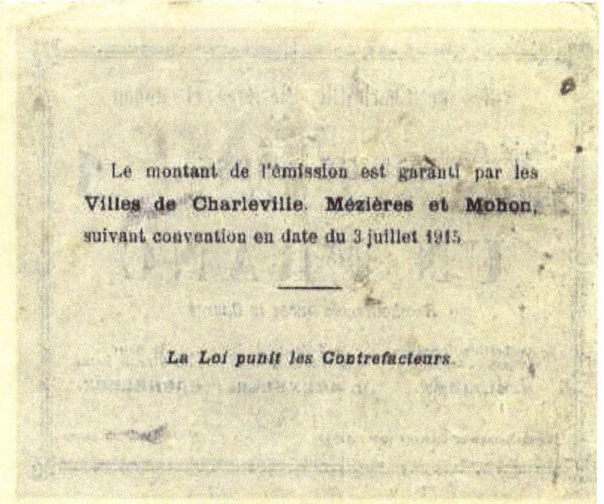

08/8-a1b -   1 franc - Série B - Imp. en bleu sur fond beige - Papier blanc.

08/8-a2a -   2 francs - Série C - Imp. en bleu sur fond vert - Papier blanc.
08/8-a2b -   2 francs - Série D - Imp. en bleu sur fond vert - Papier blanc.
08/8-a3a -   5 francs - Série E - Imp. en bleu sur fond bleu - Papier blanc.

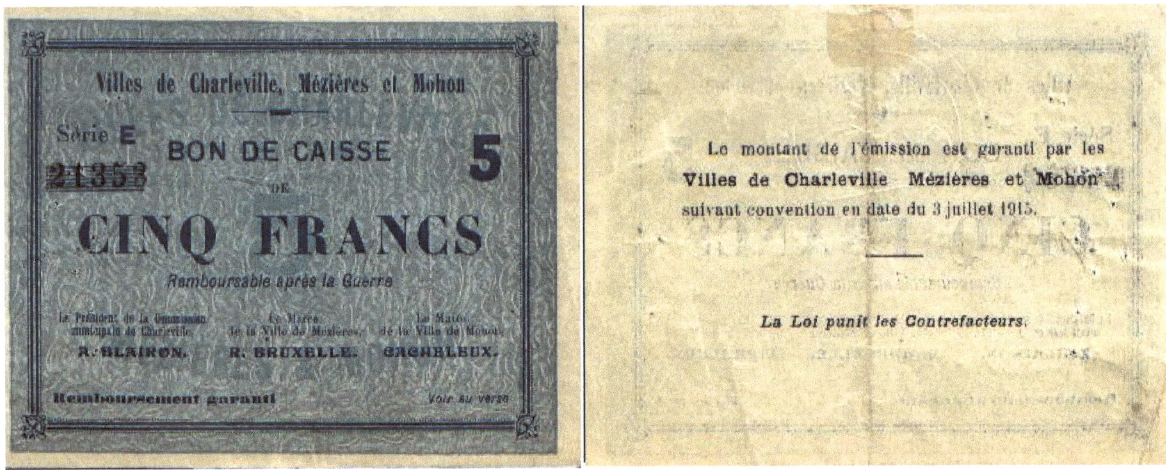

08/8-a3aS -   5 francs - Série E avec "Spécimen sans valeur" en diagonale et le Cachet "Munster" par-dessus.

08/8-a4a -   10 francs - Série F - Imp. en bleu sur fond beige - Papier blanc.

08/8-a4aS -   10 francs - Série F avec "Spécimen sans valeur" en diagonalE et le Cachet "Munster" par-dessus.

08/8-a5a -   20 francs - Série G - Imp en bleu sur fond rose - Papier blanc.

CHÂTEAU – REGNAULT – BOGNY

VILLES - Délibération du 14 Août 1915

Les billets connus pour ces émissions sont imprimés en noir sur papier bleu.
Signature imprimée du Maire : E - Lebègue. Cachet de Château – Regnault – Bogny en rouge ou bleu et texte : remboursables après la guerre et comptes faits avec les services compétents.

08/9-a1 -   50 Cmes - Série J.

08/9-a2 -   1 franc - (Non retrouvé).

08/9-a3 -   2 francs - Série D - En sous-titre : "bon spécial d'avance sur livrets".

08/9-a4 -   10 francs - (Non retrouvé).

DAIGNY

Communes - Sans Date

Deux Signatures imprimées - Cachet de la Mairie - Numéro manuscrit - Imp en noir sur papier blanc.

08/10-a1 -   50 Cmes.

Le 23/11/1914

08/10-b1 -   1 franc (107 x 70 mm).

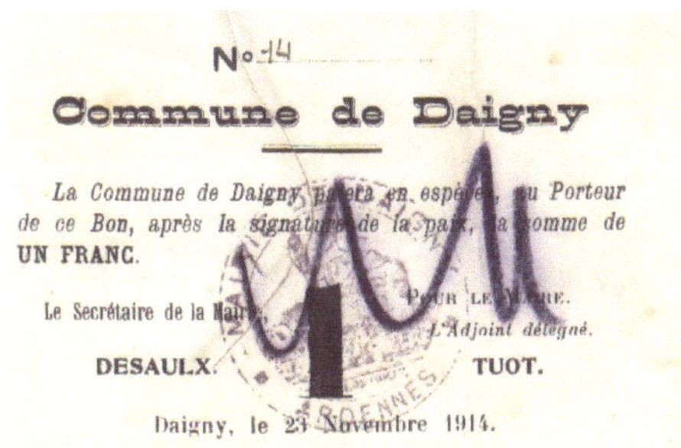

08/10-b2 -   5 francs.

DONCHERY

Toutes les émissions de cette commune possèdent 1 signature, la numérotation manuscrite et le cachet de la Mairie à droite. Imprimées en noir sur des papiers de couleur au format de 100 x 80 mm ;

Commune - Sans date - Uniface - IMP (Noir sur papier vert).

08/11-a1 -   Bon de 0 Fr. 50 Centimes.

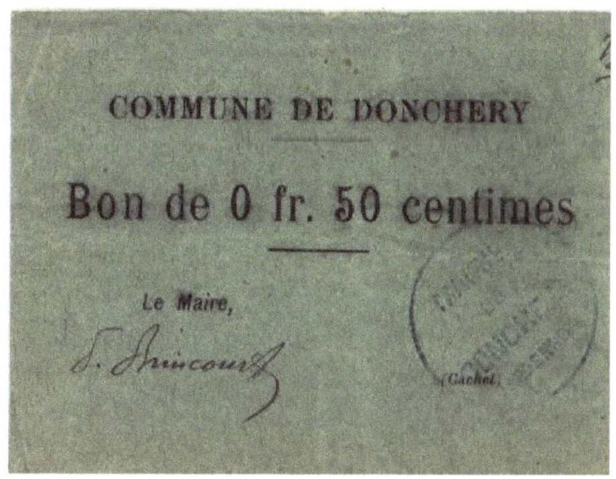

Délibération du Conseil Municipal du 11/8/1915

08/11-b1 -   25 Centimes - Uniface - Imp. noir sur papier orange.

08/11-b2 -   50 Centimes -   Uniface - Imp. noir sur papier jaune.

08/11-b3 -   1 Franc - Uniface - Imp. noir sur papier rose.

08/11-b4 -   2 Francs - Uniface - Imp. noir sur papier vert.

08/11-b5 -   5 Francs - Uniface - Imp. noir sur papier chamois.

Même série mais avec "FRANC" en bas à gauche à la place de "Franc".
08/11-c1 -   1 FRANC - Uniface - Imp. noir sur papier rose.

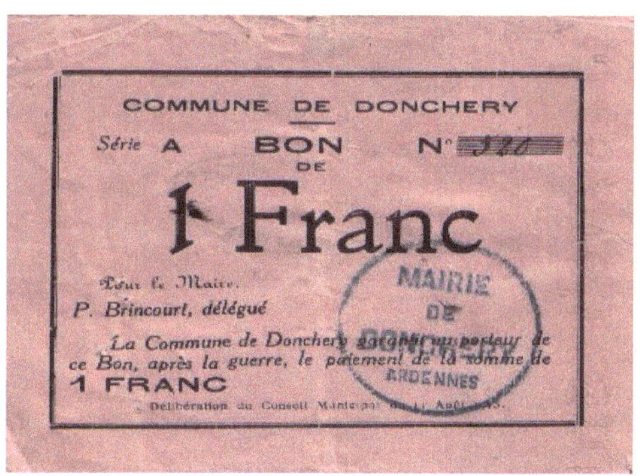

08/11-c2 -   2 FRANCS - Uniface - Imp. noir sur papier vert.

Fepin

Commune - Ticket Carton sans date – Comité d'alimentation
Bons sans signature sans cachet ni numérotation.
08/12-a1 -   5 Centimes - Imp. en rouge sur papier-carte gris (47 x 36 mm).

08/12-a2 -   10 Centimes.
08/12-a3 -   20 Centimes.

FLOING

Commune - Bon Nominatif de 1 franc.

Première date connue 20/7/1914, dernière : 29/9/14 - Billets à souche - Nom du bénéficiaire ; date - numérotation et signature manuscrite.

08/13-a1 - Un Franc - Imp. en noir sur papier blanc.

Commune - Le 16/8/1915 - Série A.

Pour cette émission ; tous les billets possèdent deux signatures imprimées ; le cachet de la Mairie et le N° au cachet numéroteur.

08/13-a1 - 50 Cmes - Imp. noir sur papier blanc.

08/13-a2 - 1 Franc - Imp. bleu sur papier blanc.

08/13-a2A - 1 Franc - Imp. bleu sur papier blanc - Avec "Annulé : Floing le 3/7/1916" manuscrit et deux signatures manuscrites.

08/13-a3 -	2 Francs - (Signalé - Non retrouvé).	
08/13-a4 -	5 Francs - Imp. vert sur papier blanc.	
08/13-a5 -	10 Francs - Imp. violet sur papier blanc.	
08/13-a6 -	20 Francs - Imp. rouge sur papier blanc.	

FUMAY

VILLE - Comité des Fêtes - Sans date.

08/14-a1 -   5 Cmes (Ticket carton signalé mais non retrouvé).

Société Anonyme de l'Ardoisière du Moulin Sainte-Anne.

Bon de Caisse - 8 Août 1914.

Cachet dateur de la société du 8 août 1914 - autre cachet long de la société et signature manuscrite du Directeur-Gérant.

08/14-b1 -   10 frs - Imp. en noir sur carton vert clair.

GIVET

VILLE - 1915 - Bon sur Livret de Caisse d'épargne - Exclusivement pour fournitures – (Billet nominatif) au nom de Mr ...

Signature manuscrite du Maire - Cachet de la Mairie et de la Caisse d'Epargne - N° dans l'angle haut-droit du billet - Texte au verso.

08/15-a1 -   VALEUR UN FRANC - Imp noir sur papier bleu.

Signature au composteur du Maire - Cachet de la Mairie et de la Caisse d'Epargne - N° dans l'angle haut-droit du billet - Texte au verso.

08/15-b1 -   VALEUR UN FRANC - Imp. En noir sur papier carton orangé.

HANNAPES

Commune - Sans Date - Ticket Carton de 40 mm sans date ni Numérotation.

08/16-a1 -   5 Cent - Imp. en vert sur carton gris.

HANNOGNE

Commune - Décision du Conseil Municipal du 4/7/1915

Entièrement imprimé au composteur – encre violette sur papier blanc (75 x 64 mm). Les signatures du Maire sont manuscrites à l'encre rouge, cachet de la Mairie et numérotation manuscrite.

08/17-a1 -   Un Franc - Valeur ornée de chaque côté.

08/17-a2 -   Deux Francs - Valeur ornée de chaque côté par une étoile.

| 08/17-a3 - | Cinq Francs - Valeur ornée de chaque côté. |
| 08/17-A4 - | Dix Francs - Valeur ornée de chaque côté. |

LE CHESNE

925ème Compagnie de Prisonniers de Guerre des Régions Libérées - Bon de Cantine - Sans date (1918-1920).

08/18-a1 -	5 Cmes.
08/18-a2 -	10 Cmes.
08/18-a3 -	50 Cmes.
08/18-a4 -	1 franc.

MOUZON

Ville - Bon Municipal remboursable après la guerre par la Caisse Municipale.

Entièrement imprimé au composteur – encre violette sur papier mince gris ou blanc Dates comprises entre le 14/12/1915 et le 27 Octobre 1918. Numérotation (rouge, bleu, vert …). Plusieurs signataires.

08/19-a1a -	1 Cmes Rouge.
08/19-a1b -	1 Cme violet.
08/19-a2 -	5 Cmes - gris - 60 x 40 - Sans date ni signature - Cachet de la Mairie.
08/19-a3 -	10 Cmes.
08/19-a4 -	25 Cmes.
08/19-a5 -	75 Cmes.

| 08/19-a6 - | 1-50 Cmes. |

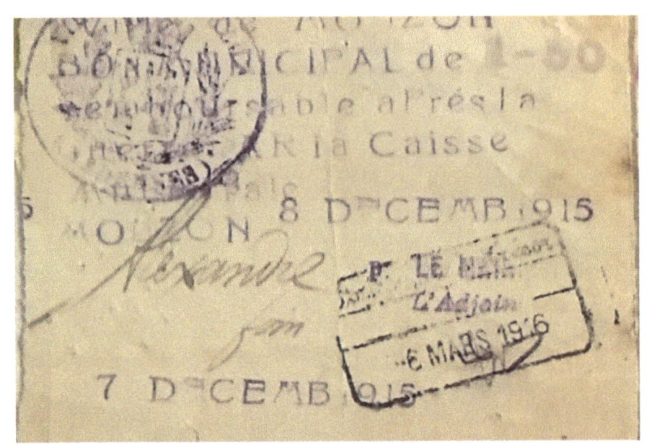

Magasins Municipaux - Le 15/7/1916.
08/19-b1 -   25 Cmes – Non retrouvé.

POIX-TERRON

Tous ces billets sont conformes aux directives allemandes sur la couleur des papiers. Papier avec filigrane ondulé - 2 signatures imprimées - cachet du Syndicat de Commune (noir - bleu - violet et numérotation).

Syndicat d'Émission de Bons – Région de Poix – Terron - Garanti par 116 communes (Décision de l'Assemblée Générale du 10/7/1916).

Garanti par 116 communes des Cantons suivants :
Attigny, Omont, Tourteron, Vouziers, Le Chêsne,
Flize, Machault, Novion-Porcien, Raucourt, Rethel,
Signy-l'Abbaye, Monthois, Buzancy, Juniville et
Grandpré.

08/20-a1 -   1 franc - Série A.
08/20-a2 -   2 francs - Série B.
08/20-a3 -   5 francs - Série C.
08/20-a4 -   10 francs - Série D.
08/20-a5 -   20 francs - Série E.

Mai 1917 – 2éme émission - Garanti par 142 communes.

Garanti par 142 communes des Cantons suivants :
Attigny, Omont, Tourteron, Vouziers, Le Chêsne,
Flize, Machault, Novion-Porcien, Raucourt, Rethel,
Signy l'Abbaye, Monthois, Buzancy, Juniville et
Grandpré.

08/20-b1a -   25 Cmes - Série F1.
08/20-b1b -   25 Cmes - Série F2.
08/20-b1c -   25 Cmes - Série F3.

08/20-b1d -   25 Cmes - Série F4.

08/20-b2 -   5 francs - Série G.

08/20-b3 -   20 francs - Série H.

08/20-b3S -   20 francs - Série H - Sans N° avec "Annulé" et cachet violet "Munster".

08/20-b4 -   50 francs - Série J.

08/20-b5 -   100 francs - Série K.

Août 1917 – 3éme émission - Garanti par 142 communes.

Garanti par 142 communes des Cantons suivants :
Attigny, Omont, Tourteron, Vouziers, Le Chêsne,
Flize, Machault, Novion-Porcien, Raucourt, Rethel,
Signy l'Abbaye, Monthois, Buzancy, Juniville et
Grandpré.

08/20-c1a -   25 Cmes - Série F5.

08/20-c1b -   25 Cmes - Série F6.

08/20-c2 -   5 francs - Série G.

08/20-c2S -   5 francs - Série G - Sans N° avec "Annulé" et cachet violet "Munster".

08/20-c3 -   10 francs - Série D.

08/20-c4 -   50 francs - Série J.

08/20-c5 -   100 francs - Série K.

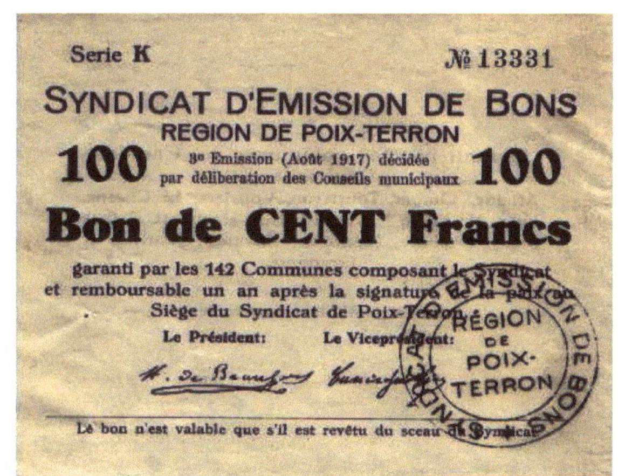 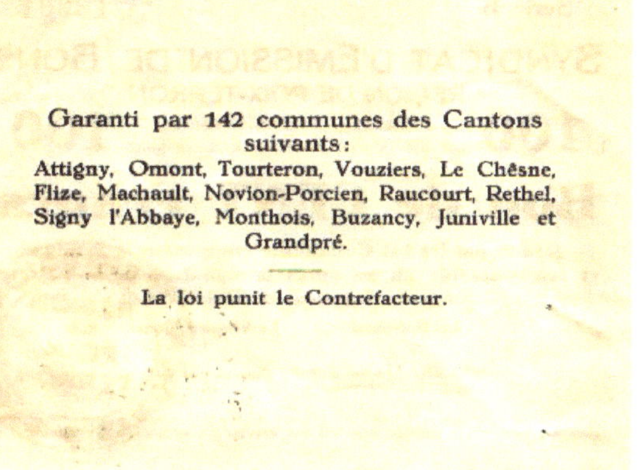

Garanti par 142 communes des Cantons suivants :
Attigny, Omont, Tourteron, Vouziers, Le Chêsne,
Flize, Machault, Novion-Porcien, Raucourt, Rethel,
Signy l'Abbaye, Monthois, Buzancy, Juniville et
Grandpré.

08/20-d1A - 25 Cmes - Sans N° avec "Annulé" en noir.

08/20-d2A - 50 Cmes - Sans N° avec "Annulé" en noir.

08/20-d3 - 1 franc - Série C.

08/20-d3S - 1 franc - Série C - Sans N° avec "Annulé" et cachet violet "Munster".

08/20-d4 - 2 francs - Série D.

08/20-d5 - 5 francs - Série E.

08/20-d6 - 10 francs - Série F.

08/20-d7 - 20 francs - Série G.

08/20-d8 - 50 francs Série H.

08/20-d9 - 100 francs - Série J.

POURU-aux-BOIS

Commune - Billets sans date.

08/21-a1 - 5 francs (non retrouvés).

08/21-a2 - 10 francs (non retrouvés).

08/21-a3 - 20 francs (non retrouvés).

REMILLY et AILLICOURT

Bons entièrement manuscrit.

08/22-a1 - 3 francs (Non retrouvé).

RETHEL

Tous ces billets sont conformes aux directives allemandes sur la couleur des papiers. Papier avec filigrane ondulé - 2 signatures imprimées - cachet du syndicat de commune et numérotation.

Syndicat d'Émission de Bons – Région de Rethel - Garanti par 102 communes (Décision de l'Assemblée Générale du 12/7/1916).

08/22-a1a -	1 franc - Série A.
08/22-a1b -	1 franc - Série A1.
08/22-a1c -	1 franc - Série A2.
08/22-a1d -	1 franc - Série A3.
08/22-a1e -	1 franc - Série A4.

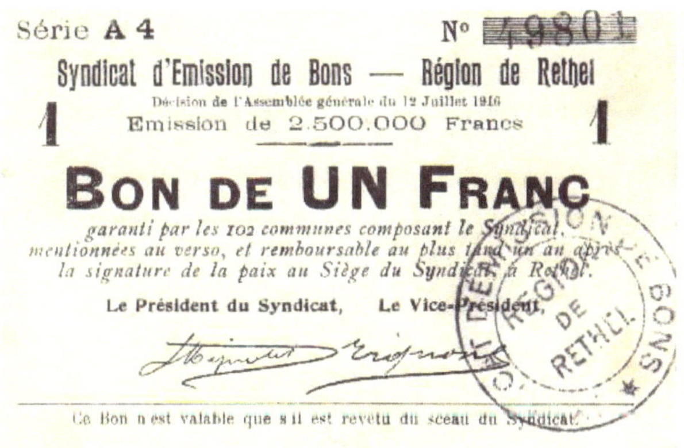

08/22-a1f -	1 franc - Série A5.
08/22-a2a -	2 francs - Série B.
08/22-a2b -	2 francs - Série B1.
08/22-a2c -	2 francs - Série B2.
08/22-a2d -	2 francs - Série B3.
08/22-a2e -	2 francs - Série B4.
08/22-a2f -	2 francs - Série B5.
08/22-a3a -	5 francs - Série C1.
08/22-a3b -	5 francs - Série C2.
08/22-a4 -	10 francs - Série D1.

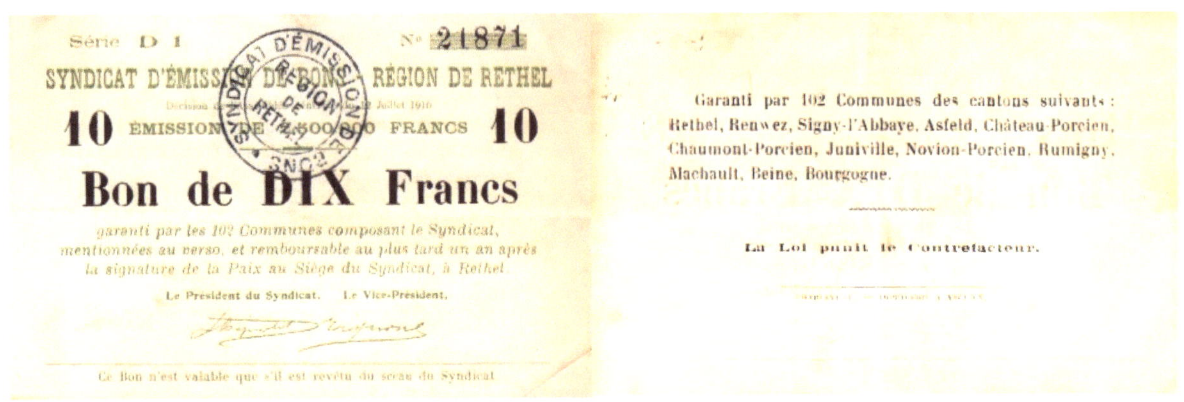

08/22-a5 - 20 francs - Série E.

Décision du comité du 21/4/1917 – 2ème émission - Garanti par 102 communes.

08/22-b1 - 25 Cmes - Série H.

08/22-b2 - 50 Cmes - Série G.

08/22-b3 - 1 franc - Série F.

08/22-b4 - 2 francs - Série E.

08/22-b5 - 5 francs - Série D.

08/22-b6 - 20 francs - Série C.

08/22-b7 - * 50 francs - Série B.

08/22-b8 - 100 francs - Série A.

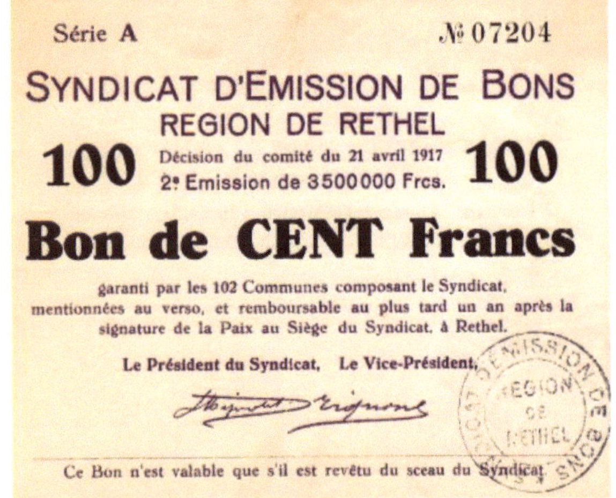

Décision du comité du 19/11/1917 – 3ème émission - Garanti par 102 communes.

08/22-c1 - 5 francs - Série E.

 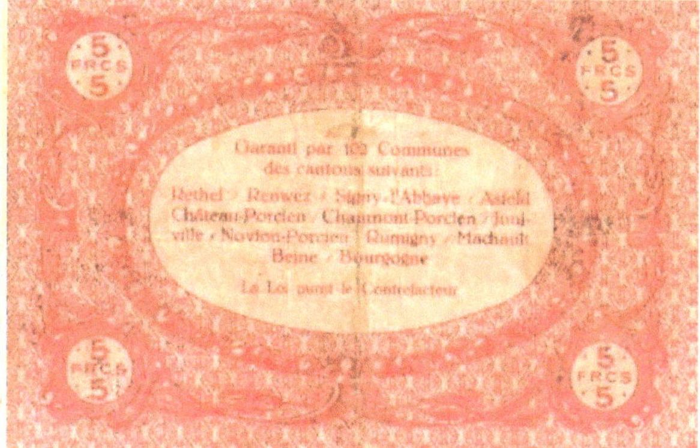

08/22-c2 - 10 francs - Série D.

08/22-c3 - 20 francs - Série C.

08/22-c4a - 50 francs - Série B.

08/22-c4aS - * 50 francs - Série B - Sans cachet ni numérotation avec texte manuscrit : "Spécimen des Bons de 50 f : 3ème émission numérotée de 1 à 14 000". Cachet "Munster" violet.

08/22-c4b - * 50 francs - Série B - Avec en perforation "22 3 55 2".

08/22-b3 - 100 francs - Série A.

REVIN

Commune - Ravitaillement - Sans Date.

Ticket Carton carré de 43x43 mm - sans date ni signature.

08/24-a1 - 1 Cme - Cachet de la Mairie encre verte.

08/24-a2 - 3 Cmes - Cachet de la Mairie encre verte.

Tous ces billets sont conformes aux directives allemandes sur la couleur des papiers. Papier avec filigrane ondulé - 2 signatures imprimées - cachet du Syndicat de Commune et numérotation

Syndicat d'Émission de Bons Communaux de la Région de Rimogne - Garanti par 25 communes - Rimogne, Arreux, Blombay, Bourg-Fidèle, Châtelet, Chilly, Etalle, Gué-d'Hossus, Harcy, Laval, Marby, Montcornet, Murtin, Renwez, Rocroi, Sévigny, Sormonne, Taillette, Tremblois, Revin, Anchamps, Deville, Laifour, Les Mazures, Sécheval.

Émission décidée par le syndicat le 20/2/1916.

08/23-a1 -   25 Cmes - Série A.

08/23-a2 -   50 Cmes - Série B.
08/23-a2S -   50 Cmes - Série B - Sans N° - Avec " Spécimen sans valeur" manuscrit en noir et cachet "Munster".

08/23-a3 -   1 franc - Série C.
08/23-a3S -   1 franc - Série C - Sans N° - Avec " Spécimen sans valeur" manuscrit en noir et cachet "Munster".

08/23-a4 -   2 francs - Série D.

08/23-a4a -   5 francs - Série E - Imp. noir et rouge.
08/23-a5b -   5 francs - Série E - Imp. noir et brun.

08/23-a6 -   10 francs - Série F.

08/23-a7 -   20 francs - Non retrouvé.

Émission décidée par le syndicat le 30/6/1916.

08/23-b1a -   1 franc - Série H.
08/23-b1b -   1 franc - Série H1.
08/23-b1c -   1 franc - Série H2.
08/23-b1d -   1 franc - Série H3.
08/23-b1e -   1 franc - Série H4.
08/23-b1f -   1 franc - Série H5.
08/23-b1g -   1 franc - Série H6.
08/23-b1h -   1 franc - Série H7.
08/23-b1i -   1 franc - Série H8.

08/23-b2a -   2 francs - Série J1.
08/23-b2b -   2 francs - Série J2.
08/23-b2c -   2 francs - Série J3.

08/23-b3 -   5 francs - Série K.

08/23-b4 -   10 francs - Série L.

08/23-b5 -   20 francs - Série M.

Émission décidée par le syndicat le 26/4/1917.

08/23-c1a -   25 Cmes - Série U1.
08/23-c1b -   25 Cmes - Série U2.
08/23-c1c -   25 Cmes - Série U3.

08/23-c2a -   50 Cmes - Série T1.
08/23-c2d -   50 Cmes - Série T2.

08/23-c3a -   1 franc - Série S1.
08/23-c3b -   1 franc - Série S2.

08/23-c4a -   2 francs - Série R1.

08/23-c5a -   5 francs - Série Q1.
08/23-c5b -   5 francs - Série Q2.

08/23-c6a -   20 francs - Série P.

08/23-c7a -   50 francs - Série O.

08/23-c8a -   100 francs - Série N.

Émission décidée par le syndicat le 19/11/1917.

08/23-d1 -   25 Cmes - Série II.
08/23-d1S -   25 Cmes - Série II avec "Spécimen sans valeur" en rouge sans
numérotation.

08/23-d2 -   50 Cmes - Série HH.
08/23-d2S-   50 Cmes - Série HH avec "Spécimen sans valeur" en rouge sans
numérotation.

08/23-d3a -   1 franc - Série GG1.
08/23-d3aS -   1 franc - Série GG1 avec "Spécimen sans valeur" en rouge sans
numérotation.
08/23-d3b -   1 franc - Série GG2.
08/23-d3bS -   1 franc - Série GG2 avec "Spécimen sans valeur" en rouge sans
numérotation.

08/23-d4 -   2 francs - Série FF.
08/23-d4S -   2 francs - Série FF avec "Spécimen sans valeur" en rouge sans
numérotation.

08/23-d5 -   5 francs - Série EE.

08/23-d5S -   5 francs - Série EE1 avec "Spécimen sans valeur" en rouge sans numérotation.

08/23-d6 -   10 francs - Série DD.

08/23-d6S -   10 francs - Série DD avec "Spécimen sans valeur" en rouge sans numérotation

08/23-d7 -   20 francs - Série CC

08/23-d7S -   20 francs - Série CC avec "Spécimen sans valeur" en rouge sans numérotation.

08/23-d8 -   50 francs - Série BB.

08/23-d8S -   50 francs - Série BB avec "Spécimen sans valeur" en rouge sans numérotation.

08/23-d9 -   100 francs - Série AA.

08/23-d9S -   100 francs - Série AA avec "Spécimen sans valeur" en rouge sans numérotation.

ROCROI

Ville - Sans Date.

Billets avec souche - Signatures imprimées - cachet de la Mairie- Numérotation au numéroteur.

08/25-a1 -   25 Cmes - Série A - Imp. en noir sur papier mince gris.

08/25-a2 -   1 franc - Série B - Imp. en noir sur papier mince rose.

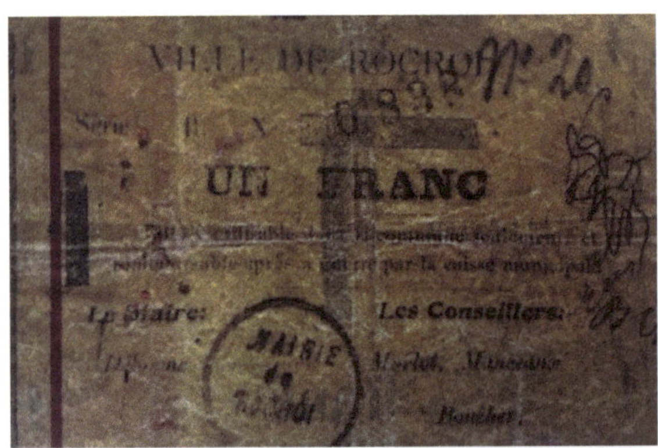

08/25-a3 -   2 francs - Série C.

08/25-a4 -   5 francs - Série D - Imp. en bleu sur papier mince rouge.

08/25-a4A -   5 francs - Série D - Imp. en bleu sur papier mince rouge avec "Annulé" en noir.

08/25-a5a -   10 francs - Série D - Imp. en bleu sur papier bleu.

08/25-a5b -   10 francs - Série D - Imp. en bleu sur papier bleu.

SAINT-GERMAINMONT

Commune - **1914 – 1915** - **Sans N° ni Signature - Cachet de la Mairie au verso.**
08/26-a1 -   50 Cmes - Papier blanc quadrillé 80 x 52 mm.

Sans date - Cachet de la Mairie au recto et verso - 2 signatures manuscrites - Texte manuscrit : "Payable en espèce après la guerre".
08/26-b1a -   1 franc - Série A - Encre noire sur papier ligné blanc.
08/26-b1aA -   1 franc - Série A - Encre noire sur papier ligné blanc avec "Annulé" en noir.
08/26-b1b -   1 franc - Série B - Encre noire sur papier ligné blanc.
08/26-b1c -   1 franc - Série C - Encre noire sur papier ligné blanc.

08/26-b2a -   2 francs - Série A - Encre violette sur papier blanc.
08/26-b2bS -   2 francs - Série B - Encre violette sur papier blanc ligné avec "Annulé" en noir.
08/26-b2c -   2 francs - Série B-bis - Encre violette sur papier blanc.
08/26-b2d -   2 francs - Série D-bis - Encre violette sur papier blanc.

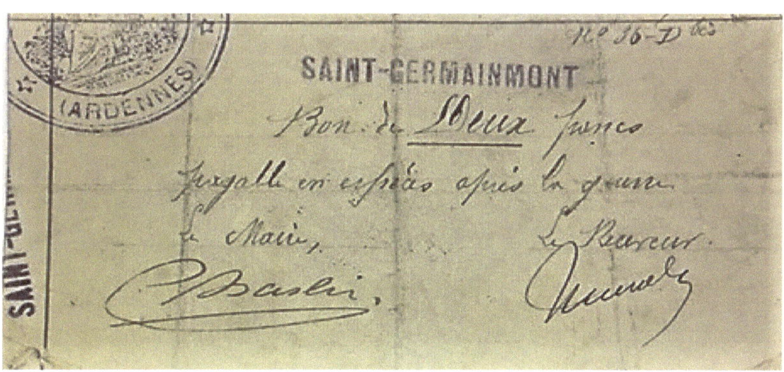

08/26-b3aA -   5 francs - Série I bis - Encre rouge sur papier ligné blanc avec "Annulé" en noir.
08/26-b3b -   5 francs - Série I bis - Encre rouge sur papier ligné blanc.
08/26-b3c -   5 francs - Série J bis - Encre rouge sur papier ligné blanc.
08/26-b3d -   5 francs - Série K bis - Encre rouge sur papier ligné blanc.

08/26-b4a -   10 francs - Série D -Encre rouge sur papier ligné blanc avec "Annulé" en noir.

08/26-b4b - 10 francs - Série M-bis -Encre rouge sur papier ligné blanc.

Tous les Billets "Annulé" sont d'un plus grand format.

SAINT-QUENTIN-LE-PETIT

Il n'est connu qu'une série en "spécimen" pour cette commune de Saint-Quentin-le-Petit, faite au composteur sur du papier-carton ligné rouge ou bleu et sans numérotation.

08/28-a1 - 0,25 Cmes - carton rouge ligné de 51 x 46 mm - Signature et "Spécimen" manuscrit et cachet de la Mairie - Verso : "Saint-Quentin-le-Petit" en diagonale "Spécimen" et 0003.

08/28-a2 - 50 Cmes - carton bleu ligné de 49 x 54,5 mm - Signature et "Annulé" manuscrit en noir et cachet de la Mairie - Verso : "Saint-Quentin-le-Petit" en diagonale "Spécimen" et 0001.

Délibération du 13 Juillet 1915

08/28-a3 - 0f 875 - carton rouge ligné 103 x 65 mm - Signature et "Spécimen" manuscrit et cachet de la Mairie - Verso : 70 Pf, N° 0001, cachet de la Mairie et "Spécimen" en noir manuscrit.

Délibération du 27 Juillet 1915

08/28-a4 - 2f 50 - carton rouge ligné 103 x 65 mm - Signature et "spécimen" manuscrit et cachet de la Mairie - Verso : 2 Mark, N° 0003, cachet de la Mairie et "Spécimen" en noir manuscrit.

08/28-a5 - 5 francs - carton bleu ligné 103 x 68 mm - Signature et "spécimen" manuscrit et cachet de la Mairie - Verso : 4 Mark, N° 0003, cachet de la Mairie et "Spécimen" en noir manuscrit.

SEDAN

Ville de Sedan Le 2/9/1914

Ces billets se trouvent pratiquement toujours avec un coin coupé (donc remboursés). Uniface, ils sont imprimés en noir sur papier blanc, deux signatures imprimées, cachet de la Mairie et numérotation manuscrite (excepté les billets de 25 Cmes et le 5 francs série B de 1914).

08/29-a1a -	50 Cmes.
08/29-a1b -	50 Cmes - Série B.
08/29-a2a -	1 franc.
08/29-a2b -	1 franc - Série B - Papier vergé.
08/29-a3a -	2 francs.
08/29-a3b -	2 francs - Série B.
08/29-a4a -	5 francs.
08/29-a4b -	5 francs - Série B - Numéro Imprimé.
08/29-a4c -	5 francs - Série E - Cachet I.
08/29-a5a -	10 francs.
08/29-a5b -	10 francs - Série B.
08/29-a5c -	10 francs - Série C.
08/29-a5d -	10 francs - Série D.
08/29-a6 -	20 francs.

Ville de Sedan Le 10/3/1915.

08/29-b1a -	50 Cmes - Série C - Papier vergé.
08/29-b1b -	50 Cmes - Série D - Papier vergé.
08/29-b2 -	1 franc - Série C - Papier vergé.
08/29-b3a -	5 francs - Série F.
08/29-b3b -	5 francs - Série G.
08/29-b3c -	5 francs - Série G - Papier vergé.
08/29-b4a -	10 francs - Série E - Papier vergé.

08/29-b4b -   10 francs - Série F.

Ville de Sedan Le 15/4/1915.

08/29-c1 -   5 Cmes.

08/29-c2 -   25 Cmes Sans Série - Numéro Imprimé.

Ville de Sedan Le 30/6/1915.

08/29-d1 -   10 francs - Série G.

Ville de Sedan Le 5/7/1915.

08/29-e1 -   1 franc (non retrouvé).

Ville de Sedan Le 31/7/1915.

08/29-f1 -   5 francs - Série J.

08/29-f2a -   10 francs - Série H.

08/29-f2b -   10 francs - Série I.

Ville de Sedan Le 10/8/1915.

08/29-g1 -   25 Cmes - Sans Série et Numéro Imprimé.

08/29-g2 -   50 Cmes - Série E.

08/29-g3a -   1 franc - Série D.

08/29-g3b -   1 franc - Série E.

08/29-g4 -   2 francs - Série B.

08/29-g5 -   10 francs - Série J.

Ville de Sedan Le 15/9/1915.

08/29-h1 -   25 Cmes - Sans Série et Numéro Imprimé.

08/29-h2 -   50 Cmes - Série F.

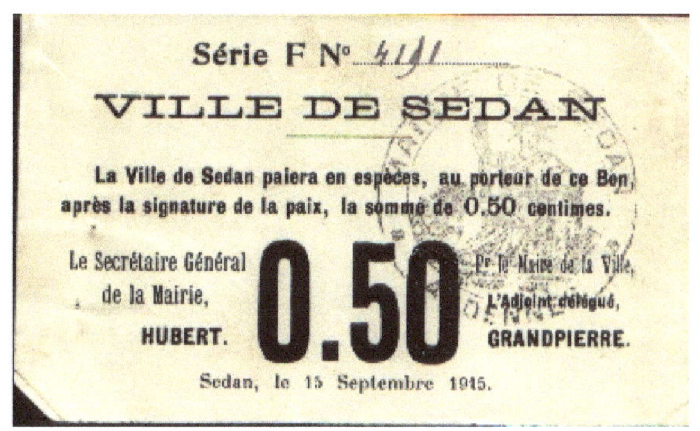

08/29-h3a -	5 francs - Série K.

08/29-h3b -	5 francs - Série L.

08/29-h4 -	20 francs - Série B.

Ville de Sedan Le 28/8/1915.

08/29-i1 -	1 franc - (Non retrouvé).

Ville de Sedan Le 22/9/1915.

08/29-j1 -	1 franc - (Non retrouvé).

08/29-j2 -	2 francs - (Non retrouvé).

Ville de Sedan Le 20/10/1915.

08/29-k1a -	5 francs - Série M.

08/29-k1b -	5 francs - Série N.

08/29-k2a -	10 francs - Série L.

08/29-k2b -	10 francs - Série M.

Ville de Sedan Le 15/1/1916.

08/29-l1 -	50 Cmes - Série G.

08/29-l2 -	1 franc - Série F.

SEDAN

Chambre de Commerce de SEDAN - Le 10 Août 1915.

Les billets de la Ville de Sedan de l'émission du 10 Août 1915, sont estampillés par la Chambre de Commerce de Sedan. Juste le cachet de la ville, différencie ces deux émissions.

08/30-a1 -   5 Cmes - Sans Série et Numéro Imprimé.

08/30-a2 -   10 Cmes - Sans Série et Numéro Imprimé.

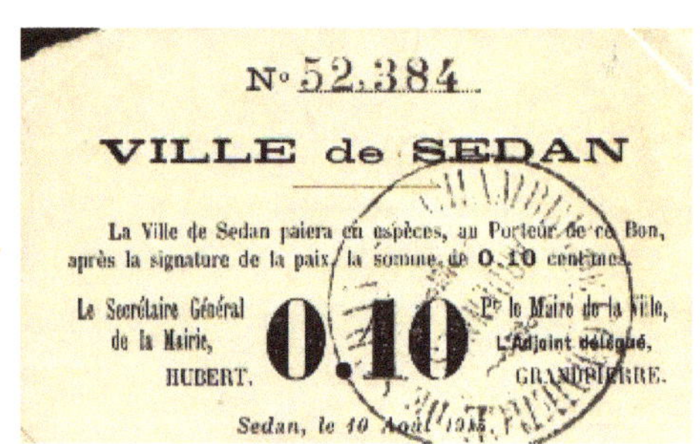

08/30-a3 -   25 Cmes - Sans Série et Numéro Imprimé.

08/30-a4 -   50 Cmes - Série E - Numéro manuscrit.

08/30-a5 -   1 franc - Numéro manuscrit.

SEDAN

Tous ces billets sont conformes aux directives allemandes sur la couleur des papiers. Papier avec filigrane ondulé - 2 signatures imprimées - cachet du Syndicat de Commune et numérotation à 3 ou 5 chiffres (deux "00" ou pas, peuvent se trouver devant la numérotation sur toutes les valeurs de la 1ère émission et les valeurs de 50 Cmes, 1 Fr et 2 Frs de la 3ème émission).

Syndicat Ardennais de Ravitaillement pour la Région de Sedan - Décision de l'assemblée générale du 26/2/1916 - Garanti par 40 Communes composant le syndicat

Angecourt, Balan, Bazeilles, La Besace, Bulson, Chaumont-Noyers-Pont-Maugis, Chéhéry, Cheveuges, Connage, Daigny, Dom-le-Mesnil, Donchery, Douzy, Fleigneux, Flize, Floing, Francheval, Frémois, Givonne, Glaire-et-Villette, Hannogne-Saint-Martin, Haraucourt, Iges, Illy, La Moncelle, Maisoncelle, Nouvion-sur-Meuse, Omicourt, Raucourt, Remilly, Rubécourt, Saint-Aignan, Saint-Menges, Sapogne-Feuchères, Sedan, Thelonne, Villers-sur-Bar, Villers-Cernay, Vrigne-Meuse, Wadelincourt.

Pour référencer ces billets par séries, je vous propose d'ajouter le N° de série à la fin de la référence. Exemple : 25 Cmes du 26/2/1916 : Série 355 = Réf : 08/31-a1.355.

Sur les tableaux ci-dessous, je vous propose toutes les séries extrêmes vues et je vous laisse le soin de les pointer selon les trouvailles afin d'inventorier ces émissions par séries. Ces émissions sont courantes, mais toutes ces séries n'ont sans doute pas été émises et combien en reste-il... ?

Pour ces raisons, la cotation est faite pour l'émission et non pas par série.

08/31-a1 -   25 Cmes - Séries extrêmes vues : 8 à 487.

8	9	10	11	12	13	14	15	16	17	18	19	20	21	22	23	24	25	26	27	28	29	30	31	32	33
34	35	36	37	38	39	40	41	42	43	44	45	46	47	48	49	50	51	52	53	54	55	56	57	58	59
60	61	61	62	63	64	65	66	67	68	69	70	71	71	73	74	75	76	77	78	78	80	81	82	83	84
85	86	87	88	89	90	91	92	93	94	95	96	97	98	99	100	101	102	103	104	105	106	107	108	109	110
111	112	113	114	115	116	117	118	119	120	121	122	123	124	125	126	127	128	129	130	131	132	133	134	135	136
137	138	139	140	141	142	143	144	145	146	147	148	149	150	151	152	153	154	155	156	157	158	159	160	161	162
163	164	165	166	167	168	169	170	171	172	173	174	175	176	177	178	179	180	181	182	183	184	185	186	187	188
189	190	191	192	193	194	195	196	197	198	199	200	201	202	203	204	205	206	207	208	209	210	211	212	213	214
215	216	217	218	219	220	221	222	223	224	225	226	227	228	229	230	231	232	233	234	235	236	237	238	239	240
241	242	243	244	245	246	247	248	249	250	251	252	253	254	255	256	257	258	259	260	261	262	263	264	265	266
267	268	269	270	271	272	273	274	275	276	277	278	279	280	281	282	283	284	285	286	287	288	289	290	291	292
293	294	295	296	297	298	299	300	301	302	303	304	305	306	307	308	309	310	311	312	313	314	315	316	317	318
319	320	321	322	323	324	325	326	327	328	329	330	331	332	333	334	335	336	337	338	339	340	341	342	343	344
345	346	347	348	349	350	351	352	353	354	355	356	357	358	359	360	361	361	363	364	365	366	367	368	369	370
371	372	373	374	375	376	377	378	379	380	381	382	383	384	385	386	387	388	389	390	391	392	393	394	395	396
397	398	399	400	401	402	403	404	405	406	407	408	409	410	411	412	413	414	415	416	417	418	419	420	421	422
423	424	425	426	427	428	429	430	431	432	433	434	435	436	437	438	439	440	441	442	443	444	445	446	447	448
449	450	451	452	453	454	455	456	457	458	459	460	461	462	463	464	465	466	467	468	469	470	471	472	473	474
475	476	477	478	479	480	481	482	483	484	485	486	487													

08/31-a2 -   50 Cmes - Séries extrêmes vues : 2 à 492.

																				2	3	4	5	6	7
8	9	10	11	12	13	14	15	16	17	18	19	20	21	22	23	24	25	26	27	28	29	30	31	32	33
34	35	36	37	38	39	40	41	42	43	44	45	46	47	48	49	50	51	52	53	54	55	56	57	58	59
60	61	61	62	63	64	65	66	67	68	69	70	71	71	73	74	75	76	77	78	78	80	81	82	83	84

85	86	87	88	89	90	91	92	93	94	95	96	97	98	99	100	101	102	103	104	105	106	107	108	109	110
111	112	113	114	115	116	117	118	119	120	121	122	123	124	125	126	127	128	129	130	131	132	133	134	135	136
137	138	139	140	141	142	143	144	145	146	147	148	149	150	151	152	153	154	155	156	157	158	159	160	161	162
163	164	165	166	167	168	169	170	171	172	173	174	175	176	177	178	179	180	181	182	183	184	185	186	187	188
189	190	191	192	193	194	195	196	197	198	199	200	201	202	203	204	205	206	207	208	209	210	211	212	213	214
215	216	217	218	219	220	221	222	223	224	225	226	227	228	229	230	231	232	233	234	235	236	237	238	239	240
241	242	243	244	245	246	247	248	249	250	251	252	253	254	255	256	257	258	259	260	261	262	263	264	265	266
267	268	269	270	271	272	273	274	275	276	277	278	279	280	281	282	283	284	285	286	287	288	289	290	291	292
293	294	295	296	297	298	299	300	301	302	303	304	305	306	307	308	309	310	311	312	313	314	315	316	317	318
319	320	321	322	323	324	325	326	327	328	329	330	331	332	333	334	335	336	337	338	339	340	341	342	343	344
345	346	347	348	349	350	351	352	353	354	355	356	357	358	359	360	361	361	363	364	365	366	367	368	369	370
371	372	373	374	375	376	377	378	379	380	381	382	383	384	385	386	387	388	389	390	391	392	393	394	395	396
397	398	399	400	401	402	403	404	405	406	407	408	409	410	411	412	413	414	415	416	417	418	419	420	421	422
423	424	425	426	427	428	429	430	431	432	433	434	435	436	437	438	439	440	441	442	443	444	445	446	447	448
449	450	451	452	453	454	455	456	457	458	459	460	461	462	463	464	465	466	467	468	469	470	471	472	473	474
475	476	477	478	479	480	481	482	483	484	485	486	487	488	489	490	491	492								

08/31-a3 -   1 franc - Séries extrêmes vues : 3 à 500.

																					3	4	5	6	7
8	9	10	11	12	13	14	15	16	17	18	19	20	21	22	23	24	25	26	27	28	29	30	31	32	33
34	35	36	37	38	39	40	41	42	43	44	45	46	47	48	49	50	51	52	53	54	55	56	57	58	59
60	61	61	62	63	64	65	66	67	68	69	70	71	71	73	74	75	76	77	78	78	80	81	82	83	84
85	86	87	88	89	90	91	92	93	94	95	96	97	98	99	100	101	102	103	104	105	106	107	108	109	110
111	112	113	114	115	116	117	118	119	120	121	122	123	124	125	126	127	128	129	130	131	132	133	134	135	136
137	138	139	140	141	142	143	144	145	146	147	148	149	150	151	152	153	154	155	156	157	158	159	160	161	162
163	164	165	166	167	168	169	170	171	172	173	174	175	176	177	178	179	180	181	182	183	184	185	186	187	188
189	190	191	192	193	194	195	196	197	198	199	200	201	202	203	204	205	206	207	208	209	210	211	212	213	214
215	216	217	218	219	220	221	222	223	224	225	226	227	228	229	230	231	232	233	234	235	236	237	238	239	240
241	242	243	244	245	246	247	248	249	250	251	252	253	254	255	256	257	258	259	260	261	262	263	264	265	266
267	268	269	270	271	272	273	274	275	276	277	278	279	280	281	282	283	284	285	286	287	288	289	290	291	292
293	294	295	296	297	298	299	300	301	302	303	304	305	306	307	308	309	310	311	312	313	314	315	316	317	318
319	320	321	322	323	324	325	326	327	328	329	330	331	332	333	334	335	336	337	338	339	340	341	342	343	344
345	346	347	348	349	350	351	352	353	354	355	356	357	358	359	360	361	361	363	364	365	366	367	368	369	370
371	372	373	374	375	376	377	378	379	380	381	382	383	384	385	386	387	388	389	390	391	392	393	394	395	396
397	398	399	400	401	402	403	404	405	406	407	408	409	410	411	412	413	414	415	416	417	418	419	420	421	422
423	424	425	426	427	428	429	430	431	432	433	434	435	436	437	438	439	440	441	442	443	444	445	446	447	448
449	450	451	452	453	454	455	456	457	458	459	460	461	462	463	464	465	466	467	468	469	470	471	472	473	474
475	476	477	478	479	480	481	482	483	484	485	486	487	488	489	490	491	492	493	494	495	496	497	498	499	500

08/31-a3 -   2 francs - Séries extrêmes vues : 3 à 489.

																					3	4	5	6	7
8	9	10	11	12	13	14	15	16	17	18	19	20	21	22	23	24	25	26	27	28	29	30	31	32	33
34	35	36	37	38	39	40	41	42	43	44	45	46	47	48	49	50	51	52	53	54	55	56	57	58	59
60	61	61	62	63	64	65	66	67	68	69	70	71	71	73	74	75	76	77	78	78	80	81	82	83	84
85	86	87	88	89	90	91	92	93	94	95	96	97	98	99	100	101	102	103	104	105	106	107	108	109	110
111	112	113	114	115	116	117	118	119	120	121	122	123	124	125	126	127	128	129	130	131	132	133	134	135	136
137	138	139	140	141	142	143	144	145	146	147	148	149	150	151	152	153	154	155	156	157	158	159	160	161	162
163	164	165	166	167	168	169	170	171	172	173	174	175	176	177	178	179	180	181	182	183	184	185	186	187	188
189	190	191	192	193	194	195	196	197	198	199	200	201	202	203	204	205	206	207	208	209	210	211	212	213	214
215	216	217	218	219	220	221	222	223	224	225	226	227	228	229	230	231	232	233	234	235	236	237	238	239	240
241	242	243	244	245	246	247	248	249	250	251	252	253	254	255	256	257	258	259	260	261	262	263	264	265	266
267	268	269	270	271	272	273	274	275	276	277	278	279	280	281	282	283	284	285	286	287	288	289	290	291	292
293	294	295	296	297	298	299	300	301	302	303	304	305	306	307	308	309	310	311	312	313	314	315	316	317	318
319	320	321	322	323	324	325	326	327	328	329	330	331	332	333	334	335	336	337	338	339	340	341	342	343	344
345	346	347	348	349	350	351	352	353	354	355	356	357	358	359	360	361	361	363	364	365	366	367	368	369	370
371	372	373	374	375	376	377	378	379	380	381	382	383	384	385	386	387	388	389	390	391	392	393	394	395	396
397	398	399	400	401	402	403	404	405	406	407	408	409	410	411	412	413	414	415	416	417	418	419	420	421	422
423	424	425	426	427	428	429	430	431	432	433	434	435	436	437	438	439	440	441	442	443	444	445	446	447	448
449	450	451	452	453	454	455	456	457	458	459	460	461	462	463	464	465	466	467	468	469	470	471	472	473	474
475	476	477	478	479	480	481	482	483	484	485	486	487	488	489											

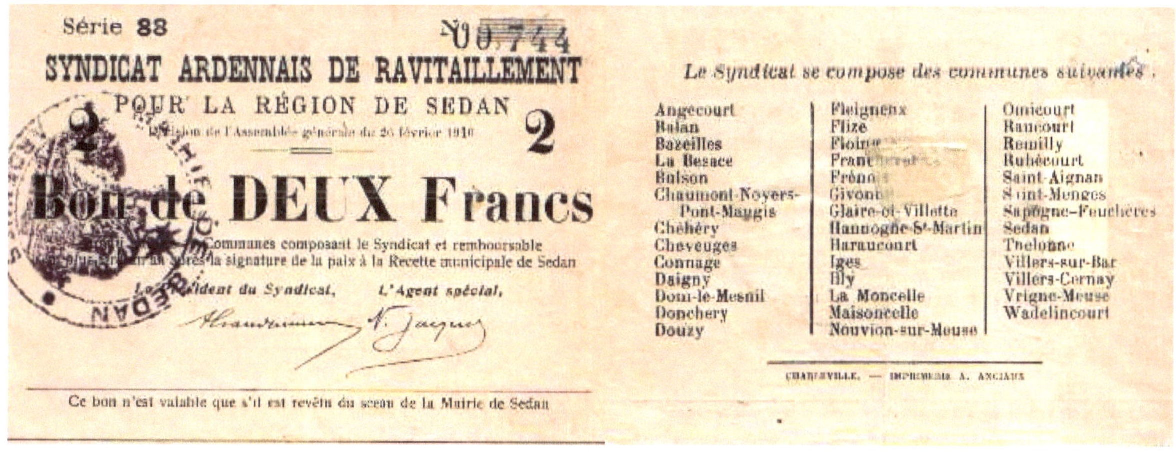

08/31-a5 -   5 francs - Séries extrêmes vues : 19 à 199.

											19	20	21	22	23	24	25	26	27	28	29	30	31	32	33
34	35	36	37	38	39	40	41	42	43	44	45	46	47	48	49	50	51	52	53	54	55	56	57	58	59
60	61	61	62	63	64	65	66	67	68	69	70	71	71	73	74	75	76	77	78	78	80	81	82	83	84
85	86	87	88	89	90	91	92	93	94	95	96	97	98	99	100	101	102	103	104	105	106	107	108	109	110
111	112	113	114	115	116	117	118	119	120	121	122	123	124	125	126	127	128	129	130	131	132	133	134	135	136
137	138	139	140	141	142	143	144	145	146	147	148	149	150	151	152	153	154	155	156	157	158	159	160	161	162
163	164	165	166	167	168	169	170	171	172	173	174	175	176	177	178	179	180	181	182	183	184	185	186	187	188

189	190	191	192	193	194	195	196	197	198	199															

08/31-a6 -   10 francs - Séries extrêmes vues : 7 à 84.

																					3	4	5	6	7
8	9	10	11	12	13	14	15	16	17	18	19	20	21	22	23	24	25	26	27	28	29	30	31	32	33
34	35	36	37	38	39	40	41	42	43	44	45	46	47	48	49	50	51	52	53	54	55	56	57	58	59
60	61	61	62	63	64	65	66	67	68	69	70	71	71	73	74	75	76	77	78	78	80	81	82	83	84

08/31-a7 -   20 francs - Séries extrêmes vues : 3 à 17.

	3	4	5	6	7	8	9	10	11	12	13	14	15	16	17										

08/31-a7S -   20 francs - Sans cachet ni Numéro - "Spécimen sans valeur" - Séries 13 - (26).

Décision de l'assemblée générale du 29/8/1916 - Garanti par 40 Communes composant le Syndicat.

08/31-b1 -   5 francs - Séries extrêmes vues : 203 à 294.

														203	204	205	206	207	208	209	210	211	212	213	214
215	216	217	218	219	220	221	222	223	224	225	226	227	228	229	230	231	232	233	234	235	236	237	238	239	240
241	242	243	244	245	246	247	248	249	250	251	252	253	254	255	256	257	258	259	260	261	262	263	264	265	266
267	268	269	270	271	272	273	274	275	276	277	278	279	280	281	282	283	284	285	286	287	288	289	290	291	292
293	294																								

08/31-b2 -   10 francs - Seule série vue 178.
08/31-b3 -   20 francs - Seule série vue 41.

Mai 1917 – 3ème émission - Garanti par 40 Communes composant le Syndicat

08/31-c1 -   50 Cmes - Séries extrêmes vues : 510 à 523.

								510	511	512	513	514	515	516	517	518	519	520	521	522	523				

08/31-c2 -   1 franc - Séries extrêmes vus : 503 à 534.

			503	504	505	506	507	508	509	510	511	512	513	514	515	516	517	518	519	520	521	522	523	524	525

526	527	528	529	530	531	532	533	534

08/31-c3 - 2 francs - Séries extrêmes vues : 502 à 542.

502	503	504	505	506	507	508	509	510	511	512	513	514	515	516	517	518	519	520	521	522	523	524	525
526	527	528	529	530	531	532	533	534	535	536	537	538	539	540	541	542							

08/31-c4 - 5 francs - Séries extrêmes vues : 326 à 346.

					326	327	328	329	330	331	332	333	334	335	336	337	338	339	340	341	342	343	344
345	346																						

08/31-c5 - 20 francs - Seule série vue 63.

08/31-c6 - 50 francs - Séries vues 1 - 3 - 5 - 14 – 15.

1		3		5						14	15												

08/31-c7 - 100 francs - Séries vues 6 – 10.

				6			10																

Décisions prises en Juillet et Août 1917.

Garanti par 43 Communes composant le syndicat

Angecourt, Autrécourt, Balan, Bazeilles, La Besace, Bulson, Chaumont-Noyers-Pont-Maugis, Chéhéry, Cheveuges, Connage, Daigny, Dom-le-Mesnil, Donchery, Douzy, Fleigneux, Flize, Floing, Francheval, Frémois, Givonne, Glaire-et-Villette, Hannogne-Saint-Martin, Haraucourt, Iges, Illy, La Moncelle, Maisoncelle, Nouvion-sur-Meuse, Omicourt, Raucourt, Remilly, Rubécourt, Saint-Aignan, Saint-Menges, Sapogne-Feuchères,

08/31-d1 -   2 francs - Séries extrêmes vues : 584 à 701.

									584	585	586	587	588	589	590	591	592	593	594	595	596	597	598	599	600
601	602	603	604	605	606	607	608	609	610	611	612	613	614	615	616	617	618	619	620	621	622	623	624	625	626
627	628	629	630	631	632	633	634	635	636	637	638	639	640	641	642	643	644	645	646	647	648	649	650	651	652
653	654	655	656	657	658	659	660	661	662	663	664	665	666	667	668	669	670	671	672	673	674	675	676	677	678
679	680	681	682	683	684	685	686	687	688	689	690	691	692	693	694	695	696	697	698	699	700	701			

08/31-d2 -   5 francs - Séries extrêmes vues : 418 à 434.

																		418	419	420	421	422
423	424	425	426	427	428	429	430	431	432	433	434											

08/31-d3 -   10 francs - Séries vues 202 – 208.

								202	203	204	205	206	207	208						

Décisions prises en Décembre 1917.

Garanti par 43 Communes composant le Syndicat.

08/31-e1 -   25 Cmes - Série A.
08/31-e2 -   50 Cmes - Série B.
08/31-e3 -   1 franc - Série C.
08/31-e4 -   2 francs - Série D.
08/31-e5 -   5 francs - Série E.
08/31-c5 -   10 francs -Série F.

08/31-c6 -	20 francs - Série G.	
08/31-c7 -	50 francs - Série H.	
08/31-c8 -	100 francs - Série J.	

SEVIGNY-WALEPPE

Commune - Délibération du Conseil Municipal du 27 Juin 1915.

Entièrement imprimés au composteur – encre violette sur papier blanc de 75 x 65 mm.

08/32-a1 -   1 franc.

08/32-a1A -	1 franc - Avec "Annulé" manuscrit, encre noire.
08/32-a2 -	2 francs.
08/32-a2A -	2 francs - Avec "Annulé" manuscrit, encre noire.

08/32-a3 -	5 francs.
08/32-a3A -	5 francs - Avec "Annulé" manuscrit, encre noire.
08/32-a4 -	10 francs.

08/32-a4A -   10 francs - Avec "Annulé" manuscrit, encre noire.
08/32-a5 -   20 francs.

VILLERS-CERNAY

08/33-a1 -   50 Cmes.
08/33-a2 -   1 franc.
08/33-a3 -   2 francs.
08/33-a4 -   5 francs.

VIREUX-WALLERAND

Comité Local de Secours – Secours supplémentaire.
08/34-a1 -   1f 25 de marchandise).

VOUZIERS

145ème Compagnie de Prisonniers de Guerre - Sans Date (Fin 1918 - 1920).
08/35-a1 -   5 Cmes.
08/35-a3 -   25 Cmes.
08/35-a5 -   1 franc.
08/35-a6 -   2 francs.

Bon de la 3ème Armée Allemande.

Sans Date (1915).

Emission de huit valeurs pour un total de 405.000 francs. Cette émission décidée par la 3ème armée Allemande était sans doute destinée à réorganiser toutes les émissions existantes. Ces billets imprimés aux établissement Anciaux à Charleville étaient écrits en Français au recto et avec le même texte en Allemand au verso. Ces très rares billets ne sont connus, à l'exception du 2 Francs, que non émis (sans signature, cachet ni numérotation) ou avec "Spécimen sans valeur" en oblique, dans l'angle haut-gauche.

Texte : Payable par le gouvernement Français -

Ce bon à cours forcé pour la population française. Quiconque ne l'acceptera pas, ou pas, pour sa valeur, sera puni sévèrement.
Ce bon n'est légal qu'avec le numéro et le timbre de l'inspection d'étape de la troisième armée.

08/40-a1R -   1 FRANC - Imp. en noir sur un papier-carte beige clair.
08/40-a1S -   1 FRANC - Imp. en noir sur un papier-carte beige clair avec "Spécimen sans valeur".
08/40-a2a -   2 FRANCS - Imp. en noir sur un papier-carte violet avec Numérotation.

08/40-a2b -   2 FRANCS - Imp. en noir sur un papier-carte violet avec Numérotation et cachet reco et verso.

08/40-a2R -   2 FRANCS - Imp. en noir sur un papier-carte violet.
08/40-a2S -   2 FRANCS - Imp. en noir sur un papier-carte violet avec "Spécimen sans valeur".

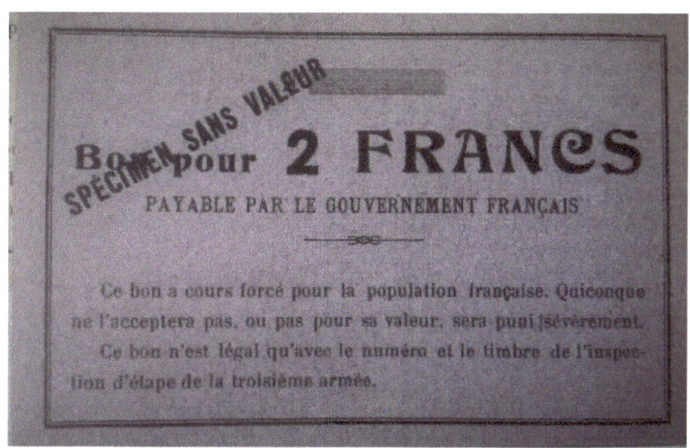

08/40-a3R -   3 FRANCS - Imp. en noir sur un papier-carte jaune clair.

08/40-a3S-   3 FRANCS - Imp. en noir sur un papier-carte jaune clair avec "Spécimen sans valeur".

08/40-a4R -   5 FRANCS - Imp. en noir sur un papier-carte beige clair.

08/40-a4S -   5 FRANCS - Imp. en noir sur un papier-carte beige clair avec "Spécimen sans valeur".

08/40-a5R -   10 FRANCS - Imp. en noir sur un papier-carte.

08/40-a5S -   10 FRANCS - Imp. en noir sur un papier-carte avec "Spécimen sans valeur".

08/40-a6R -   25 FRANCS - Imp. en noir sur un papier-carte crème.

08/40-a6S -   25 FRANCS - Imp. en noir sur un papier-carte crème avec "Spécimen sans valeur".

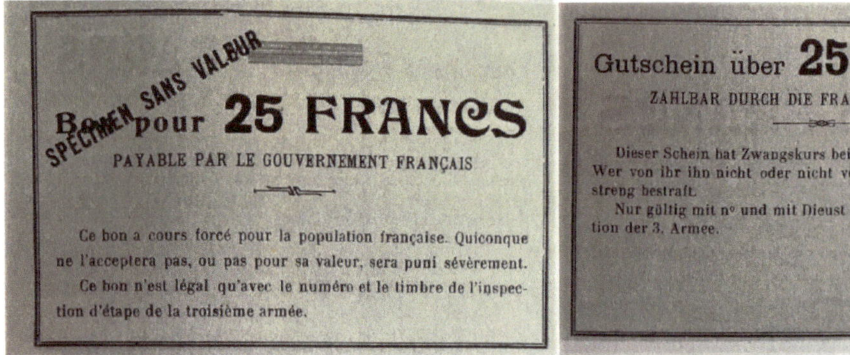

08/40-a7R -   50 FRANCS - Imp. en noir sur un papier-carte vert.

08/40-a7S-   50 FRANCS - Imp. en noir sur un papier-carte vert avec "Spécimen sans valeur".

08/40-a8R -   100 FRANCS - Imp. en noir sur un papier-carte rouge.

08/40-a8S -   100 FRANCS - Imp. en noir sur un papier-carte rouge avec "Spécimen sans valeur".

BONS RÉGIONAUX.

BON RÉGIONAL - Des Départements de l'Aisne et des Ardennes. (Partie de ces départements occupés : 221 communes) - Emission de quatre millions de papier monnaie.
Laon, le 19 septembre 1915.

Communes du département des Ardennes ayant garanties ces bons :
Canton d'Asfeld : Asfeld, Avaux, Balham, Brienne, Gomont, Juzancourt, Saint-Germainmont, le Thour, Vieux, Villiers.
Canton de Château- Porcien : Banogne-Recouvrance, Condé, Hannogne, Herpy, Saint-Fergeux, Saint-Quentin, Seraincourt, Sévigny-Waleppe,
Canton de Chaumont-Porcien : Chaumont, Adon, Fraillicourt, La Hardoye, Logny, Mainbresson, Mainbressy, Remaucourt, Renneville, Rocquigny, Rubigny, Saint-Jean, Veau, Wadimont.
Canton de Rocroi : Maubert-Fontaine, Regniowez.
Canton de Rumigny : Rumigny, Antheny, Aouste, Bay, Blanchefosse, Bossus, La Cerleau, Champlain, Estrebay, La Férée, Flaignes, Foulzy, Le Frety, Girondelle, Hannappes, Liart, Prez.
Canton de Signy-le-Petit : Signy, Auge, Auvillers, Beaulieu, Brognon, Eteignère, Fligny, La-Neuville-aux-Joûtes, La-Neuville-aux-Tourneurs, Tarzy.
Certaines communes garantissant ces bons ont parfois estampillées au verso.

Ces billets sont imprimés par les imprimeries DELIGNY & Cie - CAMBRAI, sur un papier blanc avec un filigrane "ondulé".
Les Numéros de contrôle sont tous en brun sauf le 25 Cmes en rouge.
Cinq Signatures imprimées des membres du Comité de Contrôle pour les coupures de 25 Cmes à 100 Francs.

Deux signatures manuscrites des membres du Comité de Contrôle pour les coupures de 500 et 1000 Francs (Plusieurs combinaisons de signatures car les 5 membres du comité semblent avoir signé …) Ces vignettes ont été reprises à l'identique pour les Bons Régionaux du Nord de l'Aisne et de l'Oise (émission du 24 octobre 1915).

Les textes sont en noir mais les fonds d'impression changent suivant les valeurs :

25 Cmes - Fond d'impression orange clair.

50 Cmes - Fond d'impression gris.

1 Franc - Fond d'impression bleu.

2 Francs - Fond d'impression bleu.

5 Francs - Fond d'impression marron.

50 Francs - Fond d'impression gris.

500 Francs - Fond d'impression rouge.

1000 Francs - Fond d'impression rouge et sous-fonds vert clair.

08/50-a1a -	25 Cmes - Série 1.
08/50-a1b -	25 Cmes - Série 2.
08/50-a1c -	25 Cmes - Série 3.
08/50-a1d -	25 Cmes - Série 4.
08/50-a1e -	25 Cmes - Série 5.
08/50-a1f -	25 Cmes - Série 6.
08/50-a1g -	25 Cmes - Série 7.
08/50-a1h -	25 Cmes - Série 8.
08/50-a1i -	25 Cmes - Série 9.
08/50-a1j -	25 Cmes - Série 10.
08/50-a1k -	25 Cmes - Série 11.
08/50-a1l -	25 Cmes - Série 12.
08/50-a1m -	25 Cmes - Série 13.
08/50-a1n -	25 Cmes - Série 14.
08/50-a1o -	25 Cmes - Série 15.
08/50-a1p -	25 Cmes - Série 16.
08/50-a1q -	25 Cmes - Série 17.
08/50-a1r -	25 Cmes - Série 18.
08/50-a1s-	25 Cmes - Série 19.
08/50-a1t -	25 Cmes - Série 20.
08/50-a2a -	50 Cmes - Série 1.
08/50-a2b -	50 Cmes - Série 2.
08/50-a2c -	50 Cmes - Série 3.
08/50-a2d -	50 Cmes - Série 4.
08/50-a2e -	50 Cmes - Série 5.
08/50-a2f -	50 Cmes - Série 6.
08/50-a2g -	50 Cmes - Série 7.
08/50-a2h -	50 Cmes - Série 8.
08/50-a2i -	50 Cmes - Série 9.
08/50-a2j -	50 Cmes - Série 10.

08/50-a3a -   1 franc - Série 1.
08/50-a3b -   1 franc - Série 2.
08/50-a3c -   1 franc - Série 3.
08/50-a3d -   1 franc - Série 4.
08/50-a3e -   1 franc - Série 5.

08/50-a4a -   5 francs - Série 1.

08/50-a5a -   50 francs.

08/50-a6a -   100 francs.

08/50-a7a -   500 francs.

08/50-a8a -   1000 francs.

BON RÉGIONAL - Des Départements de l'Aisne et des Ardennes & de la Marne. (Partie de ces départements occupés : 254 communes).

Laon, le 16 Juin 1916 - 2ème émission - 9.950.000 FRANCS.

ARDENNES - Seize communes du canton d'Asfeld - huit communes du canton de Château-Porcien - Quatorze communes du canton de Chaumont-Porcien - Deux communes du canton de Rocroi - Dix-sept communes du canton de Rumigny - Dix communes du canton de Signy- le-Petit.

08/50-b1aa -   50 Cmes - Série 1.
08/50-b1ab -   50 Cmes - Série 2.
08/50-b1ac -   50 Cmes - Série 3.
08/50-b1ad -   50 Cmes - Série 4.
08/50-b1ae -   50 Cmes - Série 5.
08/50-b1af -   50 Cmes - Série 6.
08/50-b1ag -   50 Cmes - Série 7.
08/50-b1ah -   50 Cmes - Série 8.
08/50-b1ai -   50 Cmes - Série 9.
08/50-b1aj -   50 Cmes - Série 10.
08/50-b1ak -   50 Cmes - Série 11.
08/50-b1al -   50 Cmes - Série 12.
08/50-b1am -   50 Cmes - Série 13.

08/50-b1an -	50 Cmes - Série 14.
08/50-b1ao -	50 Cmes - Série 15.
08/50-b1ap -	50 Cmes - Série 16.
08/50-b1aq -	50 Cmes - Série 17.
08/50-b1ar -	50 Cmes - Série 18.
08/50-b1as -	50 Cmes - Série 19.
08/50-b1at -	50 Cmes - Série 20.
08/50-b1au -	50 Cmes - Série 21.
08/50-b1av -	50 Cmes - Série 22.
08/50-b1aw -	50 Cmes - Série 23.
08/50-b1ax -	50 Cmes - Série 24.
08/50-b1ay -	50 Cmes - Série 25.
08/50-b1az -	50 Cmes - Série 26.
08/50-b1ba -	50 Cmes - Série 27.
08/50-b1bb -	50 Cmes - Série 28.
08/50-b1bc -	50 Cmes - Série 29.
08/50-b1bd -	50 Cmes - Série 30.
08/50-b1be -	50 Cmes - Série 31.
08/50-b1bf -	50 Cmes - Série 32.
08/50-b1bg -	50 Cmes - Série 33.
08/50-b1bh -	50 Cmes - Série 34.
08/50-b1bi -	50 Cmes - Série 35.
08/50-b1bj -	50 Cmes - Série 36.
08/50-b1bk -	50 Cmes - Série 37.
08/50-b1bl -	50 Cmes - Série 38.
08/50-b1bm -	50 Cmes - Série 39.
08/50-b1bn -	50 Cmes - Série 40.
08/50-b1bo -	50 Cmes - Série 41.
08/50-b1bp -	50 Cmes - Série 42.
08/50-b1bq -	50 Cmes - Série 43.
08/50-b1br -	50 Cmes - Série 44.
08/50-b1bs -	50 Cmes - Série 45.
08/50-b1bt -	50 Cmes - Série 46.
08/50-b1bu -	50 Cmes - Série 47.
08/50-b1bv -	50 Cmes - Série 48.
08/50-b1bw -	50 Cmes - Série 49.
08/50-b1bx -	50 Cmes - Série 50.
08/50-b1by -	50 Cmes - Série 50.
08/50-b1bz -	50 Cmes - Série 51.
08/50-b1ca -	50 Cmes - Série 52.
08/50-b1cb -	50 Cmes - Série 53.
08/50-b1cc -	50 Cmes - Série 54.
08/50-b1cd -	50 Cmes - Série 55.
08/50-b2a -	1 franc - Série 1.
08/50-b2b -	1 franc - Série 2.
08/50-b2c -	1 franc - Série 3.

08/50-b2d -   1 franc - Série 4.
08/50-b2e -   1 franc - Série 5.
08/50-b2f -   1 franc - Série 6.
08/50-b2g -   1 franc - Série 7.
08/50-b2h -   1 franc - Série 8.
08/50-b2i -   1 franc - Série 9.
08/50-b2j -   1 franc - Série 10.
08/50-b2k -   1 franc - Série 11.
08/50-b2l -   1 franc - Série 12.
08/50-b2m -   1 franc - Série 13.
08/50-b2n -   1 franc - Série 14.
08/50-b2o -   1 franc - Série 15.
08/50-b-a2p -   1 franc - Série 16.
08/50-b2q -   1 franc - Série 17.
08/50-b2r -   1 franc - Série 18.
08/50-b2s -   1 franc - Série 19.
08/50-b2t -   1 franc - Série 20.
08/50-b2u -   1 franc - Série 21.
08/50-b2v -   1 franc - Série 22.
08/50-b2w -   1 franc - Série 23.
08/50-b2x -   1 franc - Série 24.
08/50-b2y -   1 franc - Série 25.

08/50-b3a -   2 francs - Série 1.
08/50-b3b -   2 francs - Série 2.
08/50-b3c -   2 francs - Série 3.
08/50-b3d -   2 francs - Série 4.
08/50-b3e -   2 francs - Série 5.
08/50-b3f -   2 francs - Série 6.
08/50-b3g -   2 francs - Série 7.
08/50-b3h -   2 francs - Série 8.
08/50-b3i -   2 francs - Série 9.
08/50-b3j -   2 francs - Série 10.

08/50-b4a -	5 francs - Série 1.
08/50-b4b -	5 francs - Série 2.
08/50-b4c -	5 francs - Série 3.
08/50-b4d -	5 francs - Série 4.
08/50-b5 -	10 francs - Série 1.
08/50-b6 -	20 francs - Série 1.

BON RÉGIONAL - Des Départements de l'Aisne et des Ardennes & de la Marne. (Partie de ces départements occupés : 254 communes) -

Ces billets sont imprimés sur un papier blanc avec un filigrane "ondulé".

Cinq Signatures imprimées des membres du Comité de Contrôle pour toutes les coupures de (25 Cmes à 100 Francs).

Les textes sont en noir mais les fonds d'impression changent pour chaque valeur suivant les Ordonnances Allemandes du 1 Juin 1916.

HIRSON le 14 Juin 1917 - Troisième émission.

ARDENNES - Quinze communes du canton d'Asfeld - huit communes du canton de Château-Porcien - Quatorze communes du canton de Chaumont-Porcien - Deux communes du canton de Rocroi - Dix-sept communes du canton de Rumigny - Dix communes du canton de Signy- le-Petit.

08/50-c1a -	25 Cmes - Série 1.
08/50-c1aR -	25 Cmes - Série 1 - Avec souche - Sans N° ni Cachet.
08/50-c1b -	25 Cmes - Série 2.
08/50-c1c -	25 Cmes - Série 3.
08/50-c2aR -	50 Cmes - Série 1 - Avec souche - Sans N° ni Cachet.
08/50-c3a -	1 franc - Série 1.
08/50-c3b -	1 franc - Série 2.
08/50-c4a -	2 francs - Série 1.
08/50-c4aR -	2 francs - Série 1 - Avec souche - Sans N° ni Cachet.
08/50-c4b -	2 francs - Série 2.
08/50-c4c -	2 francs - Série 3.
08/50-c5a -	5 francs - Série 1.
08/50-c5aR -	5 francs - Série 1 - Avec souche - Sans N° ni Cachet.
08/50-c5b -	5 francs - Série 2.
08/50-c5c -	5 francs - Série 3.
08/50-c5d -	5 francs - Série 4.
08/50-c6a -	10 francs - Série 1.

08/50-c6aR -   10 francs - Série 1 - Avec souche - Sans N° ni Cachet.

08/50-c7a -   20 francs - Série 1.
08/50-c7aR -   20 francs - Série 1 - Avec souche - Sans N° ni Cachet.
08/50-c7b -   20 francs - Série 2.

08/50-c8a -   50 francs - Série 1.

08/50-c9a -   100 francs - Série 1.

HIRSON le 12 Décembre 1917 - Quatrième émission.

ARDENNES - Quatorze communes du canton d'Asfeld - huit communes du canton de Château-Porcien - Quatorze communes du canton de Chaumont-Porcien - Deux communes du canton de Rocroi - Dix-sept communes du canton de Rumigny - Dix communes du canton de Signy- le-Petit.

Ces billets sont imprimés sur un papier blanc avec un filigrane "ondulé".
Cinq Signatures imprimés des membres du Comité de Contrôle pour toutes les coupures de (25 Cmes à 100 Francs).
Les textes sont en noir mais les fonds d'impression changent pour chaque valeur suivant les Ordonnances Allemandes du 1 Juin 1916.

08/50-d1a -   50 Cmes - Série 1.
08/50-d1b -   50 Cmes - Série 2.
08/50-d1c -   50 Cmes - Série 3.

08/50-d2a -   1 franc - Série 1.

08/50-d2b -   1 franc - Série 2
08/50-d2c -   1 franc - Série 3
08/50-d2d -   1 franc - Série 4
08/50-d-b2e -   1 franc - Série 5

08/50-d3a -   2 francs - Série 1.
08/50-d3b -   2 francs - Série 2.
08/50-d3c -   2 francs - Série 3.
08/50-d3d -   2 francs - Série 4.

08/50-d4a -   5 francs - Série 1.
08/50-d4aR -   5 francs - Série 1 - Avec souche - Sans N° ni Cachet.
08/50-d4b -   5 francs - Série 2.
08/50-d4c -   5 francs - Série 3.
08/50-d4d -   5 francs - Série 4.
08/50-d4e -   5 francs - Série 5.

08/50-d5a -   10 francs - Série 1.

08/50-d5b -   10 francs - Série 2.
08/50-d5c -   10 francs - Série 3.
08/50-d5d -   10 francs - Série 4.

08/50-d6 -   20 francs - Série 1.

08/50-d7 -   50 francs Série 1.

08/50-d8 -   100 francs - Série 1.

Inutile de vous dire que ce catalogue est bien loin d'être complet et comporte sans doute bon nombre d'erreurs.
Nous demandons aux lecteurs qui possèdent des informations, des photos de billet ou toute autre chose de nous communiquer ces renseignements à cette adresse email (denis@numisa.net) afin de parfaire ce catalogue dans une prochaine édition.

www.ingramcontent.com/pod-product-compliance
Lightning Source LLC
LaVergne TN
LVHW071619180726
843512LV00002B/202

9782956553014